Paramahansa Yogananda
(1893 – 1952)

Ainsi parlait
Paramahansa Yogananda

Titre original de l'ouvrage en anglais publié par la
Self-Realization Fellowship, Los Angeles (Californie) :
Sayings of Paramahansa Yogananda

ISBN-13: 978-0-87612-115-3
ISBN-10: 0-87612-115-6

Traduit en français par la Self-Realization Fellowship
Copyright © 2011 Self-Realization Fellowship

QUELQUES MOTS SUR CE LIVRE : Ce recueil de dialogues, d'anecdotes et de paroles de sagesse de Paramahansa Yogananda fut publié initialement par la Self-Realization Fellowship sous le titre *The Master Said* en 1952, peu de temps après sa disparition. Le livre fut compilé et imprimé par des membres de l'Ordre monastique de la Self-Realization Fellowship fondé par Paramahansa Yogananda et continue à être publié depuis plus de quarante ans. Nous sommes reconnaissants aux nombreux disciples qui ont partagé les souvenirs qui leur sont chers des conversations personnelles et de leurs expériences avec Sri Yogananda.

Tous droits réservés. À l'exception de brèves citations dans des revues littéraires, aucun passage de *Ainsi parlait Paramahansa Yogananda (Sayings of Paramahansa Yogananda)* ne peut être reproduit sous quelque forme que ce soit ou transmis par n'importe quel procédé (électronique, mécanique ou autre) connus ou à venir, y compris la photocopie, l'enregistrement ou tout système de stockage et de recherche de l'information, sans l'autorisation écrite de la Self-Realization Fellowship, 3880 San Rafael Avenue, Los Angeles, CA 90065-3219, U.S.A.

 Édition autorisée par le Conseil des Publications internationales de la Self-Realization Fellowship

Le nom « Self-Realization Fellowship » et l'emblème ci-dessus apparaissent sur tous les livres, enregistrements et autres publications de la SRF, garantissant au lecteur qu'une œuvre provient bien de la société établie par Paramahansa Yogananda et dispense fidèlement ses enseignements.

Première édition en français de la Self-Realization Fellowship, 2011
First edition in French from Self-Realization Fellowship, 2011

ISBN-13 : 978-0-87612-139-9
ISBN-10 : 0-87612-139-3

Imprimé aux États-Unis
1218-J1931

L'héritage spirituel de Paramahansa Yogananda

Un siècle après sa naissance, Paramahansa Yogananda est reconnu comme l'une des grandes figures spirituelles de notre temps et l'influence de sa vie et de son œuvre continue toujours de s'étendre. Nombreux sont les concepts religieux et les méthodes philosophiques, exposés par Paramahansa Yogananda il y a quelques décennies, qui trouvent maintenant leur expression dans l'éducation, la psychologie, les affaires, la médecine ou dans d'autres domaines, contribuant d'une manière importante à donner de la vie de l'homme une vision plus harmonieuse, plus humaine et plus spirituelle.

Le fait que les enseignements de Paramahansa Yogananda soient maintenant interprétés et appliqués de façon créative dans de nombreux secteurs d'activités ou par les représentants de divers mouvements philosophiques et métaphysiques ne souligne pas seulement l'aspect utile et pratique de ce qu'il enseignait. Cela met aussi en évidence la nécessité de trouver un moyen permettant de s'assurer que l'héritage spirituel laissé par Paramahansa Yogananda ne sera pas dilué, fragmenté ou déformé au fil du temps.

Étant donné que les sources d'information concernant Paramahansa Yogananda se multiplient, les lecteurs demandent parfois comment ils peuvent être certains qu'une publication présente sa vie et son enseignement avec exactitude. En réponse à ces demandes, nous souhaiterions expliquer que Sri Yogananda a fondé la Self-Realization Fellowship afin de répandre ses enseignements et de les préserver dans toute leur pureté et intégrité pour les générations futures. Il choisit et forma personnellement de proches disciples pour diriger le Conseil des Publications de la Self-Realization Fellowship et leur donna des directives précises pour la préparation et la publication de ses conférences, de ses écrits et des *Leçons de la Self-Realization*. Les membres du Conseil des Publications de la SRF considèrent le respect de ces directives comme une tâche sacrée, de façon à ce que le message universel de ce maître bien-aimé et mondialement connu puisse continuer à rayonner dans toute sa puissance et son authenticité originelles.

Le nom « Self-Realization Fellowship » et l'emblème SRF (voir ci-dessus) ont été créés par Paramahansa Yogananda pour identifier l'organisation qu'il fonda dans le but de mener à bien son œuvre spirituelle et humanitaire mondiale. Ils apparaissent sur tous les livres, enregistrements audio et vidéo, films et autres publications de la Self-Realization Fellowship, donnant ainsi au lecteur la garantie que ces œuvres proviennent bien de l'organisation fondée par Paramahansa Yogananda et qu'elles transmettent fidèlement ses enseignements comme il souhaitait lui-même qu'ils soient transmis.

Self-Realization Fellowship

PRÉFACE

Qui peut-on à juste titre appeler un maître ? Aucune personne ordinaire n'est assurément digne de cette qualification. Il est également rare qu'il apparaisse sur terre quelqu'un faisant partie de ce groupe sacré auquel le maître de Galilée se réfère : « Celui qui croit en moi [la Conscience Christique], fera aussi les œuvres que je fais [1]. *»*

Les hommes deviennent maîtres en disciplinant leur petit soi, l'ego ; en éliminant tous les désirs excepté un seul – le désir de Dieu ; en se dévouant à Lui du fond du cœur et en méditant profondément ou en faisant communier leur âme avec l'Esprit Universel. Celui dont la conscience est immuablement établie dans le Seigneur, l'unique Réalité, peut légitimement être appelé un maître.

Paramahansa Yogananda, le maître dont les paroles sont consignées avec amour dans cet ouvrage, était un enseignant mondial. Relevant l'unité essentielle de toutes les Saintes Écritures, il s'efforça d'unir l'Orient et l'Occident par les liens durables de la compréhension spirituelle. Par sa vie et ses écrits, il alluma une étincelle divine d'amour pour Dieu dans d'innombrables cœurs. Il vécut courageusement en observant les plus hauts préceptes de la religion et proclama que tous les disciples du Père Céleste, quelles que soient leurs croyances, sont tous chers à Son cœur.

---

[1] Jean 14 : 12.

Ainsi parlait Paramahansa Yogananda

Paramahansa Yogananda fut préparé pour sa mission en Occident grâce à une éducation universitaire et de nombreuses années de formation spirituelle dans sa terre natale, l'Inde, sous la discipline austère de son guru (enseignant spirituel), Sri Yukteswar. Il arriva à Boston en 1920 en tant que délégué indien à un Congrès des Religieux libéraux et resta en Amérique pendant plus de trente ans (exception faite d'un voyage en Inde en 1935-1936).

Un succès phénoménal récompensa ses efforts d'éveiller chez autrui un désir de communier avec Dieu. Ses cours de yoga [1] battirent les records d'audience dans des centaines de villes. Il initia lui-même 100 000 étudiants au yoga.

Le Maître fonda plusieurs ashrams de la Self-Realization Fellowship dans le sud de la Californie pour les disciples désirant suivre la voie monastique. De nombreux chercheurs de vérité y étudient, y travaillent et s'y livrent à des pratiques de méditation qui calment leur esprit et éveillent la conscience de leur âme.

L'épisode suivant de la vie du Maître en Amérique illustre l'accueil affectueux que lui prodiguèrent des hommes et des femmes dotés de perceptions spirituelles :

Lors d'une tournée aux États-Unis, il s'arrêta un jour pour visiter un monastère chrétien. Les frères le reçurent avec quelque appréhension, remarquant sa peau foncée, ses longs cheveux noirs et sa robe ocre – la tenue traditionnelle des moines de l'Ordre des Swami [2]. Pensant qu'il était païen, ils étaient sur le point de lui refuser une entrevue avec l'abbé, quand

---

[1] Voir le glossaire.
[2] Voir le glossaire.

cet homme bon entra dans la pièce. Le visage radieux, il accueillit Paramahansaji ¹ les bras ouverts et s'exclama en l'embrassant : « Homme de Dieu ! Je suis content que vous soyez venu. »

Cet ouvrage révèle d'autres aperçus personnels de la nature aux mille facettes du Maître, qui débordait de compassion et de compréhension pour l'homme et d'amour illimité pour Dieu.

C'est un privilège et un principe sacrés pour la Self-Realization Fellowship, la société fondée par Paramahansa Yogananda pour la diffusion et la perpétuation de ses enseignements et de ses écrits, de publier cette sélection de dialogues du Maître. Ce volume est dédié à sa famille mondiale de disciples de la Self-Realization Fellowship et à tous les autres chercheurs de vérité.

---

¹ Voir *ji* dans le glossaire.

Quelques mots sur l'auteur

« La vie de Paramahansa Yogananda est une parfaite expression de l'idéal de l'amour pour Dieu et de l'idéal du dévouement à l'humanité... Bien qu'il ait passé la plus grande partie de sa vie en dehors de l'Inde, son pays natal, il occupe néanmoins une place privilégiée parmi nos plus grands saints. Son œuvre continue à grandir et à rayonner toujours davantage, attirant des âmes de tous les horizons sur le chemin de la connaissance de l'Esprit. »

Extrait d'un hommage que le gouvernement de l'Inde a rendu au fondateur de la Self-Realization Fellowship/Yogoda Satsanga of India, lors de l'émission d'un timbre commémoratif en son honneur, le 7 mars 1977, le jour du vingt-cinquième anniversaire de son décès.

Paramahansa Yogananda arriva aux États-Unis en 1920 en tant que délégué de l'Inde au Congrès International des Religieux libéraux. En 1925, il établit à Los Angeles le siège international de la Self-Realization Fellowship, d'où sont publiées les *Leçons de la Self-Realization* sur la science de la méditation du Kriya Yoga et sur l'art de vivre spirituellement, disponibles pour les étudiants du monde entier. Ces enseignements mettent l'accent sur le développement équilibré du corps, de l'esprit et de l'âme ; l'expérience personnelle de Dieu en est le but.

« Paramahansa Yogananda a apporté à l'Occident non seulement cette promesse éternelle de l'Inde qui est la réalisation de Dieu, mais également la méthode pratique permettant à tous les chercheurs spirituels, quelle que soit leur condition sociale, de progresser rapidement vers ce but », écrivit Quincy Howe, Jr., professeur de langues mortes au Scripps College. « D'abord apprécié en Occident sur le plan élevé des abstractions, le legs spirituel de l'Inde est maintenant accessible, par la pratique et l'expérience, à tous ceux qui aspirent à connaître Dieu, non pas dans l'au-delà, mais ici et maintenant... Yogananda a mis à la portée de tous les plus sublimes méthodes de la contemplation. »

Aujourd'hui, l'œuvre spirituelle et humanitaire entreprise par Paramahansa Yogananda se poursuit sous la direction de Sri Mrinalini Mata, l'une de ses premières et plus proches disciples, présidente actuelle de la Self-Realization Fellowship. La vie et les enseignements de Sri Yogananda sont décrits dans son livre *Autobiographie d'un Yogi*.

AINSI PARLAIT
PARAMAHANSA YOGANANDA

Ainsi parlait
Paramahansa Yogananda

« Monsieur, que devrais-je faire pour trouver Dieu ? » demanda un étudiant. Le Maître lui répondit :
« À chaque instant de loisir, plonge ton esprit dans la pensée infinie de Dieu. Parle-Lui intimement ; Il est le plus proche des intimes, le plus chéri des êtres chers. Aime-Le comme un avare aime l'argent, comme un homme brûle d'amour pour sa bien-aimée, comme une personne qui se noie désire respirer. Quand, intensément, tu te langueras de Lui, Il viendra à toi. »

• • •

Un étudiant se plaignait au Maître de ne pouvoir trouver d'emploi. Le Guru [1] lui dit :
« Ne t'accroche pas à cette pensée destructrice. En tant que partie de l'univers, tu y détiens une place essentielle. Si nécessaire, secoue le monde pour trouver un travail ! N'abandonne pas et tu réussiras. »

• • •

« Maître, j'aimerais tant avoir la foi ! » dit un homme. Paramahansaji lui répondit :

[1] Voir le glossaire.

« La foi doit être cultivée ou, mieux, découverte au-dedans de nous. Elle s'y trouve, mais elle doit en être extraite. Si tu examines ta vie, tu verras les innombrables façons dont Dieu opère à travers elle et ta foi en sera ainsi renforcée. Bien peu de gens recherchent Sa main invisible. La plupart d'entre eux considèrent le cours des évènements comme naturel et inévitable. Ils ne savent pas quels changements radicaux sont possibles grâce à la prière ! »

• • •

Une disciple de Paramahansaji prenait ombrage à la moindre mention de ses fautes. Un jour, il lui dit :
« Pourquoi protestes-tu quand je te corrige ? N'est-ce pas la raison pour laquelle je suis ici ? Mon guru me réprimandait souvent devant les autres. Je ne lui en voulais pas, parce que je savais que Sri Yukteswarji essayait de supprimer mon ignorance. Maintenant, je ne suis plus sensible aux critiques ; en moi, il n'y a plus de recoins malsains susceptibles d'être blessés par quiconque. C'est pourquoi je relève tout naturellement tes défauts. Si tu ne soignes pas les plaies qui se trouvent dans ton esprit, tu grimaceras de douleur chaque fois que quelqu'un s'y frottera. »

• • •

Le Maître dit à un groupe de disciples :
« Le Seigneur a planifié pour nous cette visite sur terre, mais la plupart d'entre nous deviennent des invités indésirables, considérant que certaines choses d'ici-bas leur appartiennent. En oubliant la nature

temporaire de notre séjour, nous nous créons divers attachements : *ma* maison, *mon* travail, *mon* argent, *ma* famille.

« Mais quand notre visa terrestre expire, tous les liens humains disparaissent. Nous sommes obligés de laisser derrière nous tout ce que nous avons cru posséder. Le Seul qui nous accompagne partout est Dieu, notre Parent Éternel. Réalisez *maintenant* que vous êtes l'âme et non le corps. Pourquoi attendre que la Mort vous l'apprenne brutalement ? »

• • •

Le Maître avait jugé nécessaire de réprimander un disciple pour une erreur grave. Plus tard, il dit en soupirant :
« Je ne souhaite influencer les autres qu'avec amour. Je suis pris de découragement quand je suis obligé de les instruire d'une autre façon. »

• • •

En discutant de problèmes philosophiques compliqués, un intellectuel arrogant cherchait à confondre le Maître. Paramahansaji répliqua en souriant :
« La Vérité ne craint jamais les questions ! »

• • •

« Je suis trop profondément empêtré dans mes erreurs pour faire des progrès spirituels, confia tristement un étudiant à Paramahansaji. Mes mauvaises habitudes sont tellement enracinées en moi que les efforts pour les combattre m'épuisent.

– Pourras-tu mieux les combattre demain qu'aujourd'hui ? demanda le Maître. Pourquoi ajouter les erreurs d'aujourd'hui à celles d'hier ? Un jour, tu devras te tourner vers Dieu. Aussi, n'est-il pas mieux de le faire maintenant ? Abandonne-toi simplement à Lui en disant : "Seigneur, sage ou rebelle, je suis Ton enfant. Tu dois prendre soin de moi." Si tu t'efforces sans relâche, tu t'amélioreras. Un saint est un pécheur qui n'a jamais abandonné. »

• • •

« En l'absence de joie intérieure, les humains se tournent vers le mal, dit le Maître. Méditer sur le Dieu de Béatitude nous emplit de bonté. »

• • •

« Le corps, l'esprit et l'âme sont intimement liés, dit le Maître. Vous avez un devoir envers le corps : le maintenir en forme. Un devoir envers l'esprit : développer ses facultés. Et un devoir envers l'âme : méditer quotidiennement sur l'Origine de votre être. Si vous remplissez votre devoir envers l'âme, le corps et l'esprit en bénéficieront, mais si vous la négligez, le corps et l'esprit en souffriront. »

• • •

« Dans la création, tout a son individualité, dit le Maître. Le Seigneur ne Se répète jamais. De même, quand l'être humain est à la recherche de Dieu, il a une infinité d'approches et d'expressions différentes. L'histoire d'amour de chaque disciple avec Dieu est unique. »

Ainsi parlait Paramahansa Yogananda

• • •

« Est-ce que la formation que vous offrez aide vos étudiants à être en paix avec eux-mêmes ? » s'enquit un visiteur. Paramahansaji lui répondit :
« Oui. Mais ce n'est pas le but de mon enseignement. Il vaut mieux être en paix avec Dieu. »

• • •

En visite à l'ermitage, un homme exprima ses doutes quant à l'immortalité de l'être humain. Le Maître lui dit :
« Essayez de réaliser que vous êtes un voyageur divin. Vous n'êtes ici que pour un court moment et vous repartez ensuite pour un monde différent et fascinant [1]. Ne limitez pas votre pensée à une vie brève et à une Terre minuscule. Souvenez-vous de l'ampleur de l'Esprit qui réside en vous. »

• • •

« L'homme et la Nature sont indissolublement unis et liés par un sort commun, dit le Maître. Les forces de la Nature travaillent pour servir l'être humain : le soleil, la terre, le vent et la pluie aident à produire sa nourriture. L'homme guide la Nature sans souvent en être conscient. Les inondations, les tornades, les tremblements de terre et toutes les autres calamités naturelles sont le résultat d'innombrables mauvaises pensées de l'homme. Chaque fleur en bordure du chemin est une expression du sourire de quelqu'un, chaque moustique est une incarnation du

---

[1] Voir *mondes astraux* dans le glossaire.

discours cinglant de quelqu'un d'autre.

« La Nature servile se rebelle et croît de façon anarchique quand le maître de la création sommeille. Plus l'homme s'éveillera à la spiritualité, plus il contrôlera facilement la Nature. »

• • •

« Le lait versé dans l'eau s'y mélange ; mais le beurre baratté flotte sur l'eau, dit le Maître. De même, le lait des pensées d'une personne ordinaire se dilue facilement dans les eaux de l'illusion [1]. Celui qui pratique l'autodiscipline spirituelle baratte le lait de son esprit et le transforme en un beurre de divine stabilité. Libéré des désirs et des liens d'ici-bas, il peut flotter sereinement sur les eaux de la vie de ce monde, continuellement absorbé en Dieu. »

• • •

Lorsqu'une étudiante tomba malade, Paramahansaji lui conseilla de voir un médecin. Un disciple lui demanda :
« Maître, pourquoi ne l'avez-*vous* pas guérie ?
– Ceux qui ont reçu de Dieu le pouvoir de guérir l'utilisent seulement quand Il le leur commande, répliqua le guru. Le Seigneur sait qu'il est parfois nécessaire que Ses enfants passent par la souffrance. Les humains qui veulent des guérisons divines doivent être prêts à vivre en accord avec les lois de Dieu. Aucune guérison permanente n'est possible si une personne continue à faire les mêmes erreurs et invite ainsi le retour de la maladie.

« La véritable guérison ne prend effet que grâce

---

[1] Voir *maya* dans le glossaire.

à la compréhension spirituelle. L'homme ignorant sa véritable nature, l'âme, est la cause principale de tous ses autres maux, physiques, matériels et mentaux. »

• • •

« Monsieur, il semble que je ne progresse pas dans mes méditations. Je ne vois, ni n'entends rien » dit un étudiant. Le Maître répondit :
« Cherche Dieu pour Lui-même. La plus sublime perception est de Le ressentir en tant que Béatitude jaillissant du puits de tes profondeurs infinies. Ne te languis pas de visions, de phénomènes spirituels ou d'expériences excitantes. Le sentier qui conduit à Dieu n'est pas un cirque ! »

• • •

« L'univers entier est constitué d'Esprit, dit le Maître à un groupe de disciples. Les étoiles, les pierres, les arbres et les êtres humains sont tous composés d'une Substance unique, Dieu. Pour amener une création diversifiée à exister, le Seigneur dut donner à chaque chose l'*apparence* de l'individualité.

« Nous nous fatiguerions vite du spectacle terrestre si nous pouvions facilement voir qu'une Seule Personne produit la pièce – qu'elle écrit le scénario, peint les décors, fait la mise en scène et joue tous les rôles. Mais le spectacle doit continuer ; alors, le Maître Dramaturge a manifesté une inconcevable ingéniosité et une infatigable variété à travers tout le cosmos. À l'irréalité, Il a donné un semblant de réalité.

– Maître, pourquoi le spectacle doit-il continuer ? s'enquit un disciple.

— C'est la *lila* de Dieu, un jeu ou un divertissement, répondit le guru. Il a le droit de Se scinder en plusieurs s'Il choisit de le faire. Le sens de tout ceci est de permettre à l'homme de voir dans Son jeu. Si Dieu ne Se couvrait pas des voiles de *maya*, il n'y aurait pas de Jeu de la création cosmique. Il nous permet de jouer à cache-cache avec Lui, pour que nous essayions de Le trouver et de gagner le Gros Lot. »

• • •

Le Maître dit à un groupe de disciples :
« Je sais que si je n'avais rien, j'aurais en vous tous des amis qui feraient tout pour moi. Et vous savez qu'en moi, vous possédez un ami qui vous aidera dans tous les domaines. Nous voyons Dieu en nous regardant les uns les autres. C'est la plus belle des relations. »

• • •

Habituellement, le Maître insistait pour obtenir le silence autour de lui. Il l'expliquait ainsi : « Des profondeurs du silence, le geyser de la Béatitude divine jaillit inlassablement et se déverse en l'être de l'homme. »

• • •

Les disciples considéraient comme un privilège de rendre service au Guru qui œuvrait sans cesse pour leur bien-être. À un groupe de disciples qui avaient accompli un travail pour lui, le Maître dit :
« Vous êtes tous si gentils envers moi avec vos nombreuses attentions.

– Oh non ! C'est vous Maître, qui êtes tellement aimable envers nous ! s'exclama un disciple.
– Dieu aide Dieu, dit Paramahansaji avec son doux sourire. Cela fait partie de Son "scénario" dans le spectacle de la vie humaine. »

• • •

« Détruisez tout désir ; débarrassez-vous de l'ego – tout ceci me paraît très négatif, Maître, commenta un étudiant. En abandonnant autant, que me restera-t-il ?
– En fait, tout, parce que tu seras riche en Esprit, la Substance universelle, lui répondit le Maître. Tu ne seras plus un mendiant ahuri qui se contente d'un quignon de pain et d'un peu de bien-être physique, tu auras regagné ta place d'honneur, celle de fils du Père infini. Ce n'est pas un état négatif ! »
Il ajouta : « Éliminer l'ego permet au véritable Soi de projeter Sa lumière. La réalisation divine est un état impossible à décrire parce que rien ne peut s'y comparer. »

• • •

Expliquant la Trinité à un groupe de disciples, le Maître utilisa cette comparaison :
« On peut dire que Dieu le Père, existant dans le vide exempt de vibrations au-delà des phénomènes, est le Capital qui "finance" la création. Le Fils, ou Conscience Christique intelligente imprégnant l'univers, est le Gestionnaire, et le Saint-Esprit, ou force divine de vibration invisible qui produit toutes formes dans le cosmos, en est la Main-d'œuvre [1]. »

[1] Voir *Sat-Tat-Aum* dans le glossaire.

Ainsi parlait Paramahansa Yogananda

• • •

« Maître, vous nous avez enseigné à ne pas prier pour des objets, mais uniquement pour que Dieu Se révèle à nous. Ne devrions-nous jamais Lui demander de pourvoir à un besoin particulier ? s'enquit un disciple.

– Il n'est pas mauvais de dire au Seigneur que nous voulons quelque chose, répliqua Paramahansaji, mais nous faisons preuve d'une plus grande foi si nous disons simplement : "Père Céleste, je sais que Tu anticipes chacun de mes besoins ; soutiens-moi selon Ta volonté."

« Par exemple, si un homme désire ardemment avoir une voiture et qu'il prie avec une intensité suffisante, il l'obtiendra. Cependant, posséder une voiture n'est peut-être pas la meilleure chose pour lui. Parfois, le Seigneur rejette nos petites prières, parce qu'Il a l'intention de nous offrir quelque chose de mieux. Puis il ajouta : Ayez davantage confiance en Dieu. Soyez certains que Celui qui vous a créés vous soutiendra. »

• • •

Un disciple se faisait des reproches, pressentant avoir échoué dans un test spirituel difficile. Le Maître lui dit :

« Ne te considère pas comme un pécheur. Agir ainsi est une profanation de l'image divine en toi. Pourquoi t'identifier à tes faiblesses ? Affirme plutôt cette vérité : *"Je suis un enfant de Dieu."* Prie-Le : "Bon ou mauvais, je suis tout à Toi. Ô Père Céleste, réveille en moi le souvenir de Toi !"»

• • •

« Il m'arrive souvent de penser que Dieu oublie l'être humain, commenta un visiteur lors de son passage à l'ermitage d'Encinitas [1]. Le Seigneur garde certainement Ses distances. »
– C'est l'homme qui garde les siennes, répliqua le Maître. Qui donc cherche Dieu ? Les temples mentaux de la plupart des gens sont remplis d'idoles : leurs pensées vagabondes et leurs désirs impatients ; le Seigneur y est ignoré. Il envoie malgré tout, de temps à autre, Ses fils illuminés pour rappeler à l'être humain son héritage divin.
« Dieu ne nous abandonne jamais. Il travaille en silence pour aider Ses enfants bien-aimés de toutes les façons possibles et pour accélérer leurs progrès spirituels. »

• • •

À un jeune disciple qui lui demandait son avis, le Maître dit :
« Le monde crée en toi de mauvaises habitudes, mais il n'assume aucune responsabilité pour les erreurs que tu commets et qui découlent de ces habitudes. Alors, pourquoi consacrer tout ton temps à un ami sur lequel tu ne peux pas compter : le monde ? Réserve une heure par jour à l'exploration scientifique

[1] Encinitas est une petite ville en bord de mer dans le sud de la Californie où se trouve un ashram de la Self-Realization Fellowship fondé par Paramahansa Yogananda en 1937.

de ton âme. Le Seigneur, Celui qui t'a donné la vie, ta famille, ton argent et tout le reste, ne mérite-t-Il pas une vingt-quatrième partie de ton temps ? »

• • •

« Monsieur, pourquoi certaines personnes ridiculisent-elles les saints ? » demanda un disciple. Le Maître répondit :

« Les malfaiteurs détestent la vérité et les gens de ce monde se contentent des hauts et des bas de la vie ; ni les uns ni les autres ne veulent changer. Penser à un saint les met donc mal à l'aise. On peut les comparer à un homme qui a vécu pendant plusieurs années dans une pièce obscure. Quelqu'un arrive et allume la lumière ; l'éblouissement soudain semble alors artificiel à l'homme qui est à demi-aveugle. »

• • •

En parlant un jour des préjugés raciaux, le Maître dit : « Dieu n'aime pas être insulté quand Il porte Ses habits foncés. »

• • •

« Nous ne devrions ni avoir peur des cauchemars sur la douleur, ni trop nous réjouir des rêves sur les expériences magnifiques, dit le Maître. En nous nous appesantissant sur ces inévitables dualités ou "paires d'opposés" de *maya*, nous perdons l'idée de Dieu, le Havre immuable de Béatitude. Quand nous nous éveillerons en Lui, nous réaliserons que la vie mortelle n'est qu'une image faite d'ombres et de lumière projetée sur un écran de cinéma cosmique. »

• • •

Un visiteur fit la remarque suivante : « Bien que j'essaie de calmer mon esprit, je n'ai pas la force de supprimer mes pensées vagabondes et de pénétrer dans le monde intérieur. Je dois manquer de dévotion.
– Être assis en silence et essayer de ressentir de la dévotion ne mène souvent nulle part, dit le Maître. C'est pourquoi j'enseigne des techniques de méditation scientifiques. Pratiquez-les et vous pourrez déconnecter votre esprit des distractions sensorielles et du flot incessant de vos pensées. »

Et d'ajouter : « Grâce au *Kriya Yoga* [1], la conscience fonctionne à un niveau supérieur ; la dévotion envers l'Esprit infini s'élève alors spontanément dans le cœur de l'homme. »

• • •

Sri Yoganandaji décrivit ainsi l'état d'« inaction » mentionné dans la *Bhagavad Gita* [2] : « Quand un véritable yogi accomplit une action, du point de vue karmique, c'est comme s'il écrivait sur l'eau. Il n'en reste aucune trace [3]. »

---

[1] Voir le glossaire.
[2] Voir le glossaire.
[3] C'est-à-dire qu'aucune mention karmique n'est retenue. Seul un maître est un homme libre, libéré du karma (la loi cosmique inexorable selon laquelle les personnes non illuminées sont responsables de leurs pensées et de leurs actions). En poussant Arjuna à combattre sur le

Ainsi parlait Paramahansa Yogananda

• • •

Un étudiant avait de la peine à concevoir que Dieu puisse résider dans la chair de l'homme. Le Maître lui dit :

« Comme le charbon incandescent révèle la présence du feu, le mécanisme merveilleux du corps révèle la présence causale de l'Esprit. »

• • •

« Certains pensent que si un disciple ne subit pas d'épreuves difficiles, il n'est pas un saint. D'autres affirment qu'un homme de réalisation divine devrait être libre de toute souffrance », dit le Maître lors d'une conférence.

« La vie de chaque maître suit un schéma invisible. Saint François était accablé de maladies ; le Christ, qui était pourtant entièrement affranchi, se laissa crucifier. D'autres personnages importants, tels que saint Thomas d'Aquin et Lahiri Mahasaya [1], ont vécu sans grande tension et sans tragédies.

« Les saints qui atteignent l'affranchissement final proviennent de milieux tout à fait différents. Les véritables sages démontrent qu'indépendamment des conditions externes, ils peuvent refléter l'Image de Dieu. Ils interprètent leur rôle selon la volonté divine, en accord ou en désaccord avec l'opinion publique. »

• • •

Un jeune résident de l'ermitage adorait faire des farces. La vie était pour lui une éternelle comédie.

champ de bataille, le Seigneur Krishna l'assura qu'il n'encourrait aucun karma s'il agissait en tant qu'agent de Dieu, sans conscience égotiste.
[1] Voir le glossaire.

Sa gaieté, quelquefois bienvenue, empêchait parfois d'autres disciples de se concentrer sereinement sur Dieu. Un jour, Paramahansaji le réprimanda gentiment :

« Tu devrais apprendre à être plus sérieux.

– Oui, Maître, répondit le disciple, regrettant sincèrement son agitation. Mais mon habitude est enracinée si profondément en moi ! Comment puis-je changer sans votre bénédiction ? »

Le Guru le rassura solennellement :

« Tu as ma bénédiction. Tu as la bénédiction de Dieu. Il ne manque que la tienne ! »

• • •

« Dieu vous comprend quand personne d'autre ne vous comprend, dit le Maître. Il est l'Amoureux qui vous chérit sans cesse, quelles que soient vos erreurs. Les autres vous donnent leur affection pour un certain temps et vous oublient ensuite ; mais Lui ne vous abandonne jamais.

« Dieu recherche quotidiennement votre amour, de maintes façons. Il ne vous punit pas si vous L'ignorez, vous vous punissez vous-mêmes. Vous constatez que "toutes choses vous trahissent, vous qui Me trahissez [1]." »

• • •

« Monsieur, approuvez-vous le cérémonial liturgique ? » s'enquit un étudiant. Le Maître lui répondit :

« Les rites religieux peuvent aider les hommes à penser à Dieu, leur Créateur infini. Cependant, s'il y a trop de rituels, ils oublient ce dont il est question. »

---

[1] *The Hound of Heaven*, par Francis Thompson.

Ainsi parlait Paramahansa Yogananda

• • •

« Qu'est-ce que Dieu ? » demanda un étudiant.

« Dieu est Béatitude éternelle, répondit le Maître. Son être est amour, sagesse et joie. Il est à la fois personnel et impersonnel et Il Se manifeste de la manière qui Lui plaît. Il apparaît devant Ses saints sous la forme qui est chère à chacun d'eux : un chrétien verra le Christ, un hindou contemplera Krishna [1] ou la Mère divine [2] et ainsi de suite. Les disciples dont l'adoration prend une tournure impersonnelle prennent conscience du Seigneur en tant que Lumière infinie ou comme le merveilleux son de l'*Aum* [3], le Verbe originel, le Saint Esprit. La plus grande expérience que l'être humain puisse faire est de ressentir cette Félicité en laquelle tout autre aspect de la Divinité – amour, sagesse, immortalité – est entièrement contenu.

« Mais comment puis-je te décrire verbalement la nature de Dieu ? Il est ineffable, indescriptible. Son essence unique ne peut être connue qu'en méditation profonde. »

• • •

Après un entretien avec un visiteur égotiste, le Maître remarqua :

« Les pluies de la miséricorde divine ne peuvent s'accumuler sur le sommet des montagnes de l'arrogance, mais elles s'écoulent aisément dans les vallées de l'humilité. »

[1] Voir le glossaire.
[2] Voir le glossaire.
[3] Voir le glossaire.

Ainsi parlait Paramahansa Yogananda

• • •

Chaque fois que le Maître voyait un disciple, manifestement du genre intellectuel, il disait :

« Fais preuve de dévotion ! Souviens-toi des paroles de Jésus : "Père, Tu as occulté ces choses aux sages et aux prudents et Tu les as révélées aux enfants [1]." »

Le disciple rendit visite au Maître dans son ermitage du désert en 1951, peu de temps avant Noël. Quelques jouets à offrir étaient étalés sur une table. Comme un enfant l'aurait fait, Paramahansaji joua avec eux pendant un certain temps, puis il demanda au jeune homme : « Comment les trouves-tu ? »

Le disciple tenta de dissimuler sa surprise, mais il dit en riant : « Ils sont très bien, Monsieur. Le Maître sourit et cita ces paroles :

– Laissez venir à moi les petits enfants car le royaume de Dieu est pour ceux qui leur ressemblent [2]. »

• • •

Un étudiant doutait du pouvoir de sa persévérance spirituelle. Pour l'encourager, Paramahansaji lui dit :

« Le Seigneur n'est pas distant, Il est même proche. Je Le vois partout.

– Mais, Monsieur, vous êtes un maître ! protesta l'homme.

– Toutes les âmes sont égales, répondit le Guru. La seule différence entre toi et moi, c'est que j'ai fait l'effort nécessaire. J'ai montré à Dieu que je L'aimais et Il est venu à moi. L'amour est un aimant auquel Dieu ne peut résister. »

[1] Matthieu 11 : 25.
[2] Luc 18 : 16.

Ainsi parlait Paramahansa Yogananda

• • •

« Étant donné que vous appelez votre temple d'Hollywood une "église de toutes les religions", pourquoi mettez-vous spécialement l'accent sur le christianisme ? » s'enquit un visiteur.

« Tel est le souhait de Babaji [1], répondit le Maître. Il m'a demandé d'interpréter la Bible chrétienne et la Bible hindoue [la Bhagavad Gita] pour relever l'unité de base des Écritures chrétiennes et védiques [2]. Il m'a envoyé en Occident pour accomplir cette mission. »

• • •

« Un péché, dit le Maître, est tout ce qui empêche l'homme de penser à Dieu. »

• • •

« Maître, comment Jésus a-t-il pu changer l'eau en vin ? demanda un disciple. Sri Yogananda répondit :

« L'univers est le résultat d'un jeu de lumière – des vibrations d'énergie vitale. Les images animées de la création, telles des scènes sur un écran de cinéma, sont projetées et rendues visibles grâce à des faisceaux lumineux. Le Christ voyait l'essence cosmique sous la forme de lumière ; à ses yeux, aucune différence essentielle n'existait entre les rayons lumineux composant l'eau et les rayons lumineux composant le vin. Comme Dieu au début de la création [3], Jésus pouvait ordonner aux vibrations de l'énergie vitale de

---

[1] Voir le glossaire.
[2] Voir *Védas* dans le glossaire.
[3] « Que la lumière soit ! Et la lumière fut. » Genèse 1 : 3.

revêtir différentes formes.

« Tous les hommes qui dépassent les domaines illusoires de la relativité et de la dualité entrent dans le véritable monde de l'Unité. Ils deviennent un avec l'Omnipotence, comme le Christ l'a dit : "Celui qui croit en moi [celui qui connaît la Conscience Christique] fera lui aussi les œuvres que je fais. Il en fera même de plus grandes, parce que je m'en vais au Père [parce que je retourne bientôt vers le Très-Haut, l'Absolu dépourvu de vibrations au-delà de la création, au-delà des phénomènes [1]]." »

• • •

« Maître, ne croyez-vous pas au mariage ? s'enquit un étudiant. Vous parlez souvent comme si vous y étiez opposé. » Paramahansaji lui répondit :

« Le mariage n'est pas nécessaire. C'est une entrave pour les renonçants sincères qui recherchent intensément Dieu, l'Amoureux Éternel. Cependant, dans les cas ordinaires, je ne suis pas contre le vrai mariage. Deux personnes qui unissent leurs vies pour s'entraider à réaliser Dieu établissent leur mariage sur une base solide : l'amitié inconditionnelle. La femme est principalement motivée par le sentiment et l'homme par la raison ; le mariage est fait pour équilibrer ces qualités.

« Il n'y a guère de véritables unions d'âmes de nos jours, parce que les jeunes reçoivent peu de formation spirituelle. Émotionnellement immatures et instables, ils sont habituellement influencés par l'attraction passagère du sexe ou par les considérations mondaines qui ignorent le noble but du mariage. Il ajouta : Je le dis souvent : "Établissez-vous

[1] Jean 14 : 12. Voir *Sat-Tat-Aum* dans le glossaire.

d'abord fermement sur la voie divine ; ensuite, si vous vous mariez, vous ne ferez pas d'erreur !" »

• • •

« Le Seigneur ne déverse-t-Il pas plus abondamment Sa grâce sur certaines personnes que sur d'autres ? s'enquit un étudiant. Paramahansaji lui répondit :
« Dieu choisit ceux qui Le choisissent. »

• • •

Deux amies avaient l'habitude de ne pas fermer leur voiture à clé quand elles la garaient. Le Maître leur dit : « Prenez les précautions qui s'imposent. Fermez votre véhicule à clé ! »
– Où est votre foi en Dieu ? s'écrièrent-elles.
– J'ai la foi, répondit Paramahansaji, mais cela n'empêche pas d'être prudent. »
Elles continuèrent pourtant à laisser leur voiture ouverte. Un jour, alors qu'elles avaient laissé de nombreux objets de valeur sur la banquette arrière, des voleurs s'en emparèrent.
« Pourquoi espérez-vous que Dieu vous protège si vous ignorez Ses lois élémentaires de prudence ? demanda le Maître. Ayez la foi, mais ayez aussi l'esprit pratique et ne tentez pas les autres ! »

• • •

Pris dans un tourbillon d'activités, certains disciples négligeaient leur méditation [1]. Le Maître les mit en garde :

---

[1] Voir *Kriya Yoga* dans le glossaire.

Paramahansa Yogananda lors d'une convocation informelle pour les amis et les membres de la Self-Realization, Beverly Hills, Californie, 1949

Ainsi parlait Paramahansa Yogananda

« Ne dites pas : "Je méditerai plus longtemps demain." Vous réaliserez tout à coup qu'une année entière aura passé sans que vous ayez pu mettre en pratique vos bonnes intentions. Dites au contraire : "Ceci peut attendre et cela peut attendre, mais ma quête de Dieu, elle, ne le peut pas !" »

• • •

« Monsieur, demanda un disciple, comment se fait-il que certains maîtres semblent en savoir plus que d'autres ?
– Tous ceux qui sont entièrement libérés sont égaux en sagesse, répondit Paramahansaji. Ils comprennent tout, mais révèlent rarement ce qu'ils savent. Pour plaire à Dieu, ils jouent le rôle qu'Il leur a assigné. S'ils semblent faire des erreurs, c'est parce qu'une telle conduite fait partie de leur rôle humain. Intérieurement, ils ne sont pas affectés par les contrastes et les relativités de *maya* [1]. »

• • •

« J'ai du mal à garder les amitiés que je me suis faites, confia un étudiant.
« Choisis soigneusement tes amis, lui dit Paramahansaji. Sois cordial et sincère, mais maintiens toujours un peu de distance et de déférence. Ne sois jamais familier avec les autres. Il est facile de se faire des amis, mais tu dois adopter cette règle si tu veux les garder. »

• • •

---

[1] Voir le glossaire.

Ainsi parlait Paramahansa Yogananda

« Maître, demanda un étudiant, une âme peut-elle être à jamais perdue ? » Yoganandaji répondit :
« C'est impossible. Chaque âme fait partie de Dieu. Elle est donc impérissable. »

• • •

Un étudiant se livrait à un examen de conscience constant pour y déceler les signes de progrès spirituels. Le Maître lui dit :
« Si tu plantes une graine et creuses chaque jour pour voir si elle pousse, elle ne prendra jamais racine. Prends-en soin correctement mais ne sois pas si curieux ! »

• • •

« Le développement spirituel d'un disciple qui se trouve sur la bonne voie est aussi naturel et inconscient que sa respiration, dit le Maître. Lorsqu'un homme donne son cœur à Dieu, il devient si profondément absorbé en Lui qu'il réalise à peine avoir résolu tous les problèmes de la vie. Les autres se mettent à l'appeler "Guru". Tout étonné, il pense :
"Quoi ? Ce pécheur est-il devenu un saint ? Seigneur, puisse Ton image illuminer mon visage de manière que l'on n'y voie que *Toi* et non pas *moi* !" »

• • •

« Monsieur Untel est vraiment bizarre ! » Des disciples parlaient des particularités de certaines personnes.

Le Maître leur dit :

« Pourquoi s'en étonner ? Ce monde n'est que le zoo de Dieu. »

• • •

« Vos enseignements sur le contrôle des émotions ne sont-ils pas dangereux ? demanda un étudiant. Beaucoup de psychologues affirment que les supprimer conduit à des dérèglements mentaux et même à des maladies physiques. »

Le Maître lui répondit :

« La suppression est nocive si vous entretenez une pensée de désir mais que vous ne faites rien de constructif pour obtenir l'objet de vos désirs. La maîtrise de soi est bénéfique, car elle consiste à remplacer les mauvaises pensées par des bonnes et à transformer des actions répréhensibles en actions utiles.

Ceux qui se complaisent dans le mal se font du tort. Ceux qui remplissent leurs esprits de sagesse et leurs vies d'activités constructives s'épargnent d'ignobles souffrances. »

• • •

« Dieu nous met sans cesse à l'épreuve, dit le Maître. Il expose nos faiblesses afin que nous en prenions conscience et que nous puissions ainsi les transformer en forces. Il nous envoie quelquefois des épreuves qui paraissent insupportables ; il nous semble presque parfois nous repousser. Mais le disciple avisé dira :

"Non, Seigneur, c'est Toi que je veux. Rien ne me détournera de ma quête. Je prie ainsi du plus profond de mon cœur : ne me soumets jamais à l'épreuve de l'oubli de Ta présence." »

• • •

« Monsieur, abandonnerai-je un jour la voie spirituelle ? s'enquit un disciple plein de doute. Le Maître lui répondit :
« Comment le pourrais-tu ? Chaque personne en ce monde est sur la voie spirituelle. »

• • •

« Monsieur, donnez-moi la grâce de la dévotion ! implora un disciple.
– En fait, tu dis : "Donnez-moi de l'argent afin que je puisse acheter ce que je veux !" reprit le Maître. Moi je dis : Non, tu dois d'abord *gagner* cet argent. Ensuite tu pourras légitimement profiter de ce que tu achèteras. »

• • •

Pour aider un étudiant découragé, le Maître relata cette expérience :
« Un jour, en voyant un gros tas de sable sur lequel rampait une fourmi minuscule, je me suis dit : "La fourmi doit penser qu'elle escalade les montagnes de l'Himalaya !" Le tas pouvait sembler gigantesque à la fourmi, mais pas à moi. De même, un million de nos années solaires peuvent valoir moins d'une minute dans l'esprit de Dieu. Nous devrions nous entraîner à penser en termes grandioses : l'Éternité ! l'Infini ! »

Ainsi parlait Paramahansa Yogananda

• • •

Yoganandaji et un groupe de disciples faisaient leurs exercices du soir sur la pelouse de l'ermitage d'Encinitas. Un jeune homme s'enquit d'un saint dont il ignorait le nom.

« Monsieur, dit-il, c'est le maître qui vous est apparu ici il y a quelques mois. »

– Je ne m'en rappelle pas, répondit Paramahansaji.

– C'était dehors, derrière, dans le jardin.

– Beaucoup m'y rendent visite ; certains sont morts, alors que d'autres sont encore sur cette terre.

– Comme c'est merveilleux, Monsieur !

– Quel que soit l'endroit où se trouve un disciple de Dieu, Ses saints y viennent. » Le Guru fit une pause d'une minute ou deux pour faire quelques mouvements, puis il reprit :

« Hier, alors que je méditais dans ma chambre, j'ai voulu savoir certaines choses sur la vie d'un grand maître d'antan. Il s'est matérialisé devant moi. Nous sommes restés assis sur mon lit côte à côte pendant un long moment, en nous tenant les mains.

– Monsieur, vous a-t-il parlé de sa vie ?

– Eh bien, répondit Yoganandaji, dans l'échange des vibrations, j'en ai saisi l'entière représentation. »

• • •

Pour mettre en garde les membres de l'Ordre de la Self-Realization Fellowship [1] contre la suffisance spirituelle, le Maître leur dit :

« Après avoir atteint le *nirbikalpa samadhi* [2], on

[1] Voir le glossaire.
[2] Voir le glossaire.

ne retombe plus jamais dans l'illusion. Toutefois, on n'est pas en sécurité avant d'avoir atteint cet état.

« Le disciple d'un célèbre maître hindou était une si grande âme que son guru le citait en exemple afin que tous l'imitent. Un jour, le disciple mentionna qu'il aidait une femme pieuse en méditant avec elle.

« Le Guru lui dit doucement : « Prends garde, *Sadhu* [1] !

« Quelques semaines plus tard, des graines de mauvais karma [2] germèrent dans la vie du disciple, qui s'enfuit avec la femme. Mais il revint rapidement vers son guru en pleurant : "Je suis désolé !" Il ne permit pas à un moment d'égarement de changer sa vie. Il laissa toutes ses erreurs derrière lui et redoubla d'efforts pour atteindre une entière réalisation du Soi.

« Cette histoire vous fera comprendre qu'il est possible, même pour un disciple avancé, de sombrer temporairement dans l'illusion. Ne relâchez jamais votre vigilance avant d'être établis dans la Béatitude finale ! »

• • •

« La science matérielle est plus théorique que la vraie religion, dit le Maître. La science peut examiner, par exemple, la nature extérieure et le comportement de l'atome. Cependant, la pratique de la méditation accorde l'omniprésence ; un yogi peut devenir un avec l'atome. »

• • •

[1] Voir le glossaire.
[2] Voir le glossaire.

Ainsi parlait Paramahansa Yogananda

Un certain disciple exigeant arrivait souvent à l'improviste au centre de Mont Washington [1] et téléphonait fréquemment au Maître en P.C.V. « C'est quelqu'un d'étrange, remarqua un jour Paramahansaji. Mais son cœur est avec le Seigneur. Il atteindra son but malgré ses erreurs, parce qu'il ne laissera pas Dieu tranquille avant d'avoir réussi ! »

• • •

Quand le Maître vint pour la première fois en Amérique, il portait une tunique indienne et ses longs cheveux lui tombaient sur les épaules. Fasciné par ce qui lui semblait être un étrange spectacle, quelqu'un lui demanda : « Êtes-vous un diseur de bonne aventure ? » Yoganandaji lui répondit :

« Non. Je dis aux gens comment améliorer leur destin. »

• • •

Un jour, le Maître parla à ses disciples d'un saint qui tomba de haut pour avoir publiquement exhibé des pouvoirs miraculeux. « Il réalisa vite son erreur, dit Paramahansaji, et retourna vers ses disciples. À la fin de sa vie, son âme fut totalement libérée. »

– Monsieur, comment s'est-il relevé si rapidement ? s'enquit un disciple. Le châtiment karmique n'est-il pas plus sévère pour quelqu'un de spirituellement avancé que pour une personne ordinaire qui agit mal par pure ignorance ? Il est étrange que le saint indien n'ait pas eu à attendre longtemps la libération finale. »

---

[1] Centre de la Self-Realization Fellowship à Los Angeles, Californie. Voir le glossaire.

Le Maître secoua la tête avec un sourire. « Dieu n'est pas un tyran, dit-il. Si un homme est habitué à se nourrir d'ambroisie, il serait bien malheureux s'il devait manger du fromage avarié. Mais si, le cœur brisé, il supplie Dieu de lui redonner de l'ambroisie, Il ne saurait le lui refuser. »

• • •

Un ami désapprouvait la publicité que se faisait la Self-Realization Fellowship. Le Maître dit :
« Wrigley utilise la publicité afin d'inciter les gens à mâcher de la gomme. Pourquoi ne pourrais-je pas m'en servir pour les encourager à "mâcher" de bonnes idées ? »

• • •

En parlant de la rapidité avec laquelle nous pouvons, par la grâce de Dieu, être libérés des illusions de *maya*, le Maître dit :
« En ce monde, un océan d'ennuis semble nous inonder. Alors, la Mère Divine vient à nous et nous secoue afin de nous réveiller de ce terrible rêve. Tôt ou tard, tout le monde connaîtra cette expérience libératrice. »

• • •

Un étudiant hésitait entre la voie du renoncement et une carrière à laquelle il aspirait depuis longtemps. Tendrement, le Maître lui dit :
« Tous les accomplissements que tu recherches, et bien plus encore, t'attendent en Dieu. »

Ainsi parlait Paramahansa Yogananda

• • •

Le Maître suggéra à un étudiant qui semblait être désespérément empêtré dans ses mauvaises habitudes :
« Si le pouvoir de la volonté te fait défaut, essaie de développer celui du refus. »

• • •

« Quelle responsabilité que celle d'essayer d'améliorer les gens ! s'exclama le Maître. Une rose est magnifique dans un vase, mais on oublie tout le travail d'horticulture nécessaire pour arriver à ce résultat. Et si l'on doit peiner pour obtenir une rose si ravissante, les efforts requis pour produire un être humain parfait sont encore plus importants ! »

• • •

« Ne vous rapprochez pas trop des autres, dit le Maître. Les amitiés ne nous satisfont que si elles sont ancrées dans un amour partagé pour le Seigneur.

« Notre désir humain d'obtenir la compréhension bienveillante des autres est en réalité la volonté de l'âme de s'unir à Dieu. Plus nous cherchons à satisfaire ce désir extérieurement, moins nous pourrons trouver le Compagnon Divin. »

• • •

« Il existe trois sortes de disciples, dit le Maître. Les croyants qui vont à l'église et qui s'en satisfont ; les croyants qui mènent une vie juste, mais qui ne font aucun effort pour réaliser l'unité avec Dieu ; et les croyants qui sont *déterminés* à découvrir leur véritable identité. »

Ainsi parlait Paramahansa Yogananda

. . .

Alors qu'on lui demandait de définir la réalisation du Soi, le Maître dit :

« La réalisation du Soi est de savoir – dans notre corps, dans notre esprit et dans notre âme – que nous ne faisons qu'un avec l'omniprésence de Dieu, que nous n'avons pas à prier pour qu'elle vienne à nous, que nous ne sommes pas simplement près d'elle à tout moment, mais que l'omniprésence de Dieu est notre omniprésence, que nous faisons tout autant partie de Lui en ce moment que dans l'éternité. Tout ce que nous avons à faire, c'est d'en devenir de plus en plus conscients. »

. . .

« Dieu pourvoit rapidement aux besoins de Ses disciples, parce qu'ils ont déjoué les courants contraires de l'ego, dit le Maître.

« Dans les premiers temps de l'existence du centre de Mont Washington, une mensualité de l'emprunt immobilier était échue, mais nous n'avions pas d'argent en banque. Je priai très profondément le Seigneur : "Le bien-être de l'organisation est entre Tes mains." La Mère Divine apparut alors devant moi et me dit en anglais :

"Je suis vos actions et vos titres ; Je suis votre sécurité."

« Quelques jours plus tard, je reçus par la poste un important don pour le centre. »

. . .

L'un des disciples était fidèle et prompt à effectuer toute tâche que lui demandait le Maître, mais il ne faisait rien pour les autres. Afin de le corriger, le Maître lui dit :

« Tu devrais servir les autres comme tu me sers. Souviens-toi que Dieu réside en chacun de nous. Ne néglige aucune occasion de Lui plaire ! »

• • •

« La mort nous enseigne à ne pas dépendre de la chair, mais de Dieu. Par conséquent, la mort est une amie, dit le Maître. Nous ne devrions pas nous affliger outre mesure de la disparition des êtres qui nous sont chers. Il est égoïste de désirer qu'ils restent toujours auprès de nous pour notre plaisir et notre bien-être. Réjouissez-vous plutôt qu'ils aient été appelés à progresser vers la libération de leur âme dans l'environnement nouveau et meilleur d'un monde astral [1].

« La plupart des gens sont affligés par la douleur de la séparation pendant quelques temps, puis ils oublient. Mais les sages sont poussés à rechercher leurs chers disparus dans le cœur de l'Éternel. Ce que les disciples perdent dans la vie passagère, ils le retrouvent dans l'Infini. »

• • •

« Quelle est la meilleure prière ? » s'enquit un disciple. Le Maître répondit :

« Dis au Seigneur : "S'il Te plaît, fais-moi connaître Ta volonté !" Ne dis pas : "Je veux ceci ou cela !" Fais-Lui confiance, Il sait ce dont tu as besoin. Tu verras

---

[1] Voir le glossaire.

Le Maître en méditation à Dihika, près de l'endroit où se situait sa première école pour garçons, lors de sa visite en Inde en 1935. L'école déménagea à Ranchi en 1918 où elle continue à prospérer

que ce que tu obtiendras sera bien mieux s'Il choisit pour toi. »

• • •

Le Maître demandait souvent aux disciples d'accomplir de menus travaux. Un jour, une disciple négligea l'un d'entre eux, le jugeant sans importance. Paramahansaji la gronda gentiment et lui dit :
« La constance que nous mettons à exécuter de petites tâches nous donne la force de détermination pour exécuter les tâches plus ardues qu'un jour la vie nous imposera. »

• • •

En paraphrasant un commentaire de Sri Yukteswar [1], le Maître dit à un nouveau disciple :
« Certaines personnes pensent qu'entrer dans un ermitage pour s'auto-discipliner cause autant de chagrin qu'un enterrement, alors qu'il s'agit plutôt de l'enterrement de tous les tourments. »

• • •

« Il est insensé de s'attendre à ce que le vrai bonheur vienne des attachements et des possessions terrestres, car ces choses sont impuissantes à vous l'accorder, dit le Maître. Pourtant, des millions de personnes meurent le cœur brisé d'avoir vainement essayé de trouver dans la vie mondaine l'accomplissement qui n'existe qu'en Dieu, la Source de toute joie. »

[1] Voir *Autobiographie d'un Yogi*, chapitre 12.

Ainsi parlait Paramahansa Yogananda

• • •

En expliquant pourquoi peu d'êtres humains comprennent l'Infinitude de Dieu, le Maître dit :

« De même qu'une petite tasse ne peut contenir toutes les eaux d'un océan, les limites de l'esprit humain ne lui permettent pas de contenir la Conscience Christique universelle. Mais si nous continuons à élargir notre esprit par la méditation, nous atteignons finalement l'omniscience. Nous nous unissons à l'Intelligence Divine qui sature les atomes de la création.

« Saint Jean a dit : "Mais à tous ceux qui l'ont reçue [la lumière], elle a donné le pouvoir de devenir enfants de Dieu, à ceux qui croient en Son nom [1]". Par "tous ceux qui l'ont reçue", Saint Jean voulait dire "ces hommes qui ont perfectionné leur pouvoir de réceptivité à l'Infini" ; eux seuls regagnent leur statut de "fils de Dieu". Ils "croient en Son nom" en atteignant l'unité avec la Conscience Christique. »

• • •

Un étudiant ayant quitté l'ermitage y revint un jour et dit tristement au Maître : « Pourquoi suis-je donc parti ?

– N'est-ce pas un paradis ici, comparé au monde extérieur ? s'enquit Paramahansaji.

– En effet, c'en est un ! », répliqua le jeune homme. Il sanglota si longtemps que Paramahansaji pleura de compassion avec lui.

• • •

---

[1] Jean 1 : 12.

Ainsi parlait Paramahansa Yogananda

Une religieuse de l'Ordre de la Self-Realization se plaignait de son manque de dévotion. « Ce n'est pas que je refuse de connaître Dieu, disait-elle, mais il semble que je sois incapable de diriger mon amour vers Lui. Que devrait faire quelqu'un qui, comme moi, connaît un tel état de "sécheresse" ?

– Tu ne devrais pas te concentrer sur la pensée que tu manques de dévotion, mais tu devrais plutôt t'employer à la développer, répondit le Maître. Pourquoi te fâches-tu parce que Dieu ne S'est pas manifesté à toi ? Pense à tout ce temps où tu L'as ignoré !

« Médite davantage, plus profondément, et suis les règles de l'ermitage. En changeant tes habitudes, tu réveilleras en ton cœur la mémoire de Son Être merveilleux et, lorsque tu Le connaîtras, tu L'aimeras sans aucun doute. »

• • •

Un dimanche, le Maître se rendit dans une église dont la chorale devait chanter spécialement pour lui. À la fin du service, le maître de chœur et le groupe lui demandèrent :

« Avez-vous aimé nos chants ?

– C'était très bien, répondit Sri Yogananda sans enthousiasme.

– Oh ! Vous n'avez pas vraiment aimé ? s'enquirent-ils.

– Ce n'est pas ce que je voulais dire. »

Pressé de donner des explications, le Maître dit finalement : « En ce qui concerne la technique, c'était parfait. Mais vous ne réalisiez pas pour Qui vous chantiez. Vous ne pensiez qu'à me satisfaire, ainsi que le reste de l'assistance. La prochaine fois, ne chantez pas pour les hommes, mais pour Dieu. »

• • •

Avec une admiration mêlée de respect, les disciples discutaient des souffrances joyeusement endurées par les saints martyrs d'antan. Le Maître leur dit :
« Le destin du corps est sans aucune importance pour un homme de réalisation divine. La forme physique est comme une assiette qu'un disciple utilise pour manger le repas de sagesse de la vie. Une fois que sa faim a été éternellement satisfaite, quelle est la valeur de l'assiette ? Elle peut se briser, mais le disciple le remarque à peine. Il est absorbé dans le Seigneur. »

• • •

Durant les longues soirées d'été, le Maître engageait souvent des conversations spirituelles avec ses disciples dans la véranda de l'ermitage d'Encinitas. Lors d'une de ces discussions, le sujet s'orienta vers les miracles. Alors, le Maître leur dit :
« La plupart des gens s'intéressent aux miracles et souhaitent en voir. Mais mon Maître, Sri Yukteswarji, qui avait contrôle sur toutes les forces de la nature, avait une opinion très stricte à ce sujet. Peu de temps avant que je quitte l'Inde pour donner des conférences en Amérique, il me dit : "Éveille l'amour de Dieu en l'homme. Ne les attire pas à toi en faisant étalage de pouvoirs surnaturels."

« Si je marchais dans le feu et sur l'eau et si je remplissais tous les auditoriums du pays d'amateurs de curiosités, qu'en résulterait-il de bon ? Regardez les étoiles, les nuages et l'océan ; voyez la rosée sur l'herbe. Existe-t-il un seul miracle humain comparable à ces phénomènes fondamentalement inexplicables ? Pourtant, rares sont ceux que la Nature conduit à aimer Dieu, le Miracle de tous les miracles. »

• • •

À un groupe de jeunes disciples qui avaient tendance à tout remettre au lendemain, le Maître dit :
« Vous devriez organiser votre vie avec méthode. Dieu a créé la routine. Le soleil brille jusqu'au crépuscule et les étoiles scintillent jusqu'à l'aurore. »

• • •

« La sagesse des saints n'est-elle pas due au fait qu'ils reçoivent la faveur spéciale du Seigneur ? » s'enquit un visiteur.
« Non, répondit le Maître. Si certaines personnes possèdent moins de réalisation divine que d'autres, ce n'est pas parce que Dieu limite le don de Sa grâce, mais parce que la plupart des hommes empêchent Sa lumière omniprésente de passer librement à travers eux. En retirant l'écran noir de l'égotisme, tous Ses enfants peuvent également refléter Ses rayons d'omniscience. »

• • •

Un visiteur faisait des remarques désobligeantes à l'égard du soi-disant culte des idoles en Inde. Le Maître lui dit calmement :
« Si un homme, assis les yeux fermés dans une église, laisse ses pensées s'attarder sur des sujets

matériels – les idoles du matérialisme – Dieu se rend compte qu'Il n'est pas adoré.

« Si un homme, s'inclinant devant une statue de pierre, la voit en tant que symbole et représentation de l'Esprit vivant omniprésent, Dieu accepte cette adoration. »

. . .

Un étudiant informa le Maître : « Je m'en vais dans les collines pour être seul avec Dieu. »

« Tu ne feras pas de progrès spirituel de cette façon, répliqua Paramahansaji. Ton mental n'est pas encore prêt à se concentrer profondément sur l'Esprit. Les souvenirs de personnes et de passe-temps matériels habiteront la plupart de tes pensées même si tu restes dans une caverne. Accomplir joyeusement tes devoirs terrestres tout en méditant quotidiennement est une meilleure voie. »

. . .

Après avoir complimenté un disciple, le Maître lui dit :

« Quand on te fait des éloges, ne te repose pas sur tes lauriers, mais essaye plutôt d'être encore meilleur. Tes progrès constants te procureront du bonheur, ainsi qu'à ton entourage et à Dieu. »

. . .

« Le renoncement n'est pas négatif, mais positif. Ce n'est pas l'abandon de quoi que ce soit, hormis de la souffrance, ajouta le Maître.

« On ne devrait pas penser au renoncement comme à une voie de sacrifice. C'est plutôt un investissement divin, grâce auquel nos quelques centimes d'autodiscipline rapporteront un million de dollars spirituels. N'est-ce pas faire preuve de sagesse que de dépenser les pièces d'or de nos jours éphémères pour acheter l'Éternité ? »

• • •

En regardant les gerbes de fleurs qui décoraient le temple un dimanche matin, le Maître dit :
« Parce que Dieu est Beauté, Il l'a créée dans les fleurs afin qu'elles puissent parler de Lui. Elles suggèrent Sa présence plus que toute autre chose dans la Nature. Son éblouissant visage apparaît à la fenêtre des lys et des myosotis. Dans le parfum de la rose, Il semble dire : "Cherche-Moi !" C'est Sa façon de s'exprimer ; sinon Il reste muet. Il montre Ses talents dans la beauté de la création, mais ne révèle pas qu'Il est caché à l'intérieur. »

• • •

Deux disciples de l'ermitage demandèrent au Maître la permission de faire un voyage pour rendre visite à des amis. Paramahansaji leur répondit :
« Au commencement de la formation d'un renonçant, il n'est pas bon qu'il ait trop souvent de contacts avec des personnes de l'extérieur. Son esprit commence à fuir comme une passoire et ne peut retenir les eaux de la perception divine. Voyager ne vous apportera pas la réalisation de l'Infini. »
Comme il avait l'habitude de faire des suggestions

plutôt que de donner des ordres, il ajouta : « Il est de mon devoir de vous avertir quand je vois que vous prenez la mauvaise direction. Cependant, faites ce que vous voulez. »

• • •

« Sur terre, Dieu essaie de développer l'art universel de vivre correctement en encourageant les sentiments de fraternité et d'altruisme dans le cœur des hommes, disait le Maître. Il n'a donc permis à aucune nation d'être complète par elle-même. Il a donné aux individus de chaque race une aptitude particulière, un génie unique, grâce auxquels ils ont la possibilité d'apporter une contribution originale à la civilisation mondiale.

« L'avènement de la paix sur terre sera accéléré par un échange constructif des meilleures caractéristiques de chaque nation. Nous ne devrions pas faire attention aux défauts d'une race, mais nous concentrer sur ses vertus et les imiter. Il est important de noter que les grands saints de l'histoire ont personnifié les idéaux de tous les pays et qu'ils ont incarné les plus hautes aspirations de toutes les religions. »

• • •

Les conversations du Maître étaient émaillées de comparaisons. Un jour, il dit :
« Je vois ceux qui se trouvent sur le chemin spirituel comme s'ils faisaient une course. Certains courent à toute vitesse, d'autres se déplacent lentement. Quelques-uns avancent même à reculons ! »
Une autre fois, il fit cette remarque :
« La vie est un combat. Les hommes luttent contre

leurs ennemis intérieurs – la cupidité et l'ignorance. Beaucoup sont blessés – par les balles des désirs. »

• • •

Le Maître avait réprimandé plusieurs disciples pour leur manque d'efficacité dans l'exécution de leurs tâches. Comme ils en étaient très attristés, il leur dit :
« Je n'aime pas vous sermonner, car vous êtes tous très bons. Mais quand je vois des petites taches sur un mur blanc, je veux les faire disparaître. »

• • •

Lors d'un voyage en voiture vers une retraite de la Self-Realization Fellowship, Paramahansaji et quelques amis aperçurent un vieil homme, sac au dos, qui marchait péniblement sous la chaleur le long de la route poussiéreuse. Le Maître demanda qu'on arrêtât la voiture. Il héla l'homme et lui donna un peu d'argent. Quelques minutes plus tard, il dit aux disciples :
« Le monde et ses terribles surprises ! Nous roulons tandis qu'un homme si âgé marche. Vous devriez tous prendre la résolution de vous libérer de la peur des tours imprévisibles de *maya*. Si ce malheureux possédait la réalisation divine, la pauvreté ou la richesse ne lui importeraient guère. Dans l'Infini, tous les états de conscience sont transmués en un seul : la Félicité toujours renouvelée. »

• • •

« Monsieur, quel est selon vous le passage de *Autobiographie* d'*un Yogi* qui pourrait inspirer le plus un homme ordinaire ? » demanda un étudiant. Le Maître réfléchit un instant, puis il dit :

« Ces mots de mon Guru, Sri Yukteswar : "Oubliez le passé. La conduite des hommes est à jamais incertaine jusqu'à ce qu'ils soient établis dans le Divin. Tout dans votre avenir s'améliorera si vous faites un effort spirituel maintenant." »

• • •

« Dieu se souvient de nous bien que nous ne nous rappelions pas de Lui, dit le Maître. S'Il oubliait la création pendant une seule seconde, tout disparaîtrait sans laisser de trace. Qui d'autre que Lui maintient dans le ciel cette boule de boue qu'est la Terre ? Qui d'autre que Lui incite les arbres et les fleurs à pousser ? C'est uniquement le Seigneur qui maintient le battement de nos cœurs, digère notre nourriture et renouvelle quotidiennement les cellules de notre corps. Pourtant, ô combien sont rares Ses enfants qui lui accordent une pensée ! »

• • •

« L'esprit, dit Paramahansaji, est comme un élastique miraculeux qui peut s'étirer à l'infini sans se rompre. »

• • •

« Comment un saint peut-il prendre sur lui le mauvais karma [1] d'autrui ? » demanda un étudiant.

---

[1] Voir le glossaire. La loi du transfert du karma est expliquée plus en détail au chapitre 21 de *Autobiographie d'un Yogi*.

Le Maître répondit :

« Si tu voyais un homme sur le point d'en frapper un autre, tu pourrais te placer devant la présumée victime et encaisser le coup. C'est ce que fait un grand maître. Il perçoit dans la vie de ses disciples le moment où les effets défavorables de leur mauvais karma passé sont sur le point de s'abattre sur eux. S'il pense que c'est sage, il utilise une méthode métaphysique par laquelle il transfère sur lui les conséquences des erreurs de ses disciples. La loi de cause à effet opère de façon mécanique ou mathématique ; les yogis savent comment commuter ses courants.

« Parce que les saints sont conscients de Dieu en tant qu'Être Éternel et Énergie vitale inépuisable, ils peuvent survivre aux coups qui tueraient un homme ordinaire. Leurs esprits ne sont pas affectés par la maladie physique ou les malheurs de ce monde. »

• • •

Alors que le Maître discutait avec des disciples de projets d'expansion de l'œuvre de la Self-Realization Fellowship, il dit :

« Souvenez-vous, l'église est la ruche, mais le Seigneur en est le Miel. Ne vous contentez pas de parler aux autres des vérités spirituelles ; montrez-leur plutôt comment ils peuvent atteindre eux-mêmes la conscience divine. »

• • •

Paramahansaji était détaché, bien qu'aimant et toujours fidèle. Un jour, il dit :

« Quand je ne vois pas mes amis, ils ne me

manquent pas ; mais quand je les vois, je ne m'en lasse jamais. »

• • •

« Je vois le Seigneur dans Son univers, dit le Maître. En regardant un bel arbre, mon cœur s'émeut et murmure : "Il est là !" Je m'incline pour L'adorer. N'imprègne-t-Il pas chaque atome de la terre ? Notre planète pourrait-elle exister si ce n'était par la puissance cohésive de Dieu ? Un véritable disciple Le voit en toute personne, en toute chose ; chaque rocher devient un autel.

« Quand le Seigneur donna cet ordre : "Tu n'auras pas d'autres dieux devant Ma face. Tu ne sculpteras aucune image de Moi [1]", Il voulait dire que nous ne devrions pas élever les objets de la création au-dessus du Créateur. Notre amour pour la Nature, la famille, les amis, les activités et les possessions ne devrait pas occuper dans nos cœurs le trône suprême. Cette place appartient à *Dieu*. »

• • •

Après avoir attiré l'attention sur la faute d'un disciple, le Maître dit :

« Ma remarque ne devrait pas te vexer. C'est parce que tu es en train de gagner la bataille contre tes habitudes égotistes que je continue à te montrer le chemin de l'autodiscipline. Je ne cesse de te bénir et de te souhaiter un avenir radieux dans la bonne direction. Ce soir, je t'ai mis en garde de peur que tu ne prennes l'habitude d'exécuter de façon mécanique tes devoirs spirituels et

[1] Exode 20 : 3-4.

Paramahansaji dans un geste de chaleureuse bienvenue à l'extérieur du temple de la Self-Realization de San Diego, Californie, 1949

que tu oublies de faire chaque jour un effort profond et ardent pour trouver Dieu. »

• • •

Un soir, un ministre appartenant à une autre église rendit visite à Paramahansaji. Le visiteur lui dit d'un ton abattu :
« Mes pensées spirituelles sont si confuses !
– Alors, pourquoi prêchez-vous ?
– Parce que j'aime ça.
– Le Christ ne nous a-t-il pas dit que l'aveugle ne devrait pas guider l'aveugle [1] ? demanda le Maître. Vos doutes disparaîtront si vous apprenez la méthode de méditation sur Dieu, l'Unique Certitude, et si vous la pratiquez. Sans Son inspiration, comment pouvez-vous transmettre la réalisation divine aux autres ? »

• • •

Dans le hall principal de l'ermitage d'Encinitas, les disciples écoutaient avidement le Maître parler de sujets sublimes jusqu'à tard dans la nuit.

« Je suis ici pour vous parler de la joie que l'on trouve en Dieu », conclut-il, « la joie que chacun de vous a la liberté de découvrir, la joie qui m'envahit à chaque instant. Car Il marche avec moi, Il parle avec moi, Il pense avec moi, Il joue avec moi, Il me guide de toutes les manières possibles. "Seigneur", Lui dis-je, "je n'ai aucun problème ; Tu es à jamais avec moi. Je suis heureux d'être Ton serviteur, un humble instrument pour aider Tes enfants. Quels que soient les évènements ou les personnes que Tu me présentes,

---

[1] Matthieu 15 : 44.

c'est Ta décision. Je ne contrecarrerai pas Ton plan en entretenant mes propres désirs." »

• • •

« Au fond de moi, je sais que je ne trouverai le bonheur qu'en Dieu. Pourtant, de nombreuses choses terrestres m'attirent toujours », dit un jeune homme qui envisageait d'entrer dans l'Ordre de la Self-Realization.

« Un enfant pense qu'il est amusant de faire des pâtés de sable, mais il s'en désintéresse en grandissant, répondit le Maître. En grandissant spirituellement, les plaisirs terrestres ne te manqueront plus. »

• • •

Après la visite de personnes cultivées, le Maître dit aux disciples :

« Certains intellectuels qui citent les prophètes sont comme des gramophones. Telle une machine qui passe des enregistrements de textes sacrés sans en comprendre la signification, de nombreux érudits répètent les Saintes Écritures sans être conscients de leur véritable signification. Ils ne voient pas les valeurs profondes des Écritures qui transforment la vie. Ces hommes ne retirent aucune réalisation divine de leurs lectures, mais uniquement une connaissance des *mots*. Ils deviennent orgueilleux et critiques. »

Il ajouta : « C'est pourquoi je vous dis à tous de moins lire et de méditer davantage. »

• • •

Ainsi parlait Paramahansa Yogananda

Le Maître dit : « Dans la création, il semble que Dieu dort dans les minéraux, rêve dans les fleurs, S'éveille dans les animaux, et *sait*, dans l'homme [1], qu'Il est éveillé. »

• • •

Le Maître avait généreusement consacré son temps à ses disciples et à ceux qui cherchent la vérité. Puis il partit chercher la paix solitaire d'une retraite de la Self-Realization dans le désert. Quand il atteignit sa destination avec le petit groupe qui l'accompagnait et que le moteur de la voiture fût éteint, Paramahansaji resta assis en silence dans le véhicule. Il sembla plonger dans le vaste silence nocturne du désert. Finalement, il dit :

« Partout où il y a un puits, les personnes assoiffées s'assemblent. Mais parfois, pour changer, le puits préfère rester seul. »

• • •

« À l'intérieur de votre forme physique se trouve une porte secrète vers la divinité [2], dit le Maître.

---

[1] « Le corps humain n'est pas seulement le résultat de l'évolution animale, c'est le fruit d'un acte de création spécial de la part de Dieu. La forme animale était trop grossière pour exprimer la pleine divinité. Seul l'homme fut doté de centres occultes intensément éveillés dans la moelle épinière et du "lotus aux mille pétales" potentiellement omniscient dans son cerveau. » Tiré de *Autobiographie d'un Yogi*.

[2] L'être humain est le seul parmi Ses créatures dont le Seigneur a pourvu le corps de centres vertébraux secrets dont l'éveil (par le yoga ou, dans certains cas, grâce à une ferveur dévotionnelle intense) confère l'illumination divine. Les Écritures hindoues enseignent donc 1° que le corps humain est un don précieux et 2° que l'homme ne peut résoudre son karma matériel qu'incarné dans un corps physique. Il se réincarnera encore et encore sur cette terre, jusqu'à ce qu'il devienne un maître. Ce

Hâtez votre évolution par une alimentation appropriée, une vie saine et un respect de votre corps en tant que temple de Dieu. Ouvrez la porte sacrée de son épine dorsale en pratiquant la méditation scientifique. »

• • •

« Maître, j'ai toujours désiré chercher Dieu, mais je veux me marier, dit un étudiant. Ne pensez-vous pas que je puisse quand même atteindre le But Divin ?
– Un jeune qui préfère d'abord avoir une famille en pensant chercher Dieu ensuite, peut commettre une grave erreur, répondit le Maître. Dans l'Inde ancienne, on enseignait la discipline personnelle aux enfants dans un ermitage. Aujourd'hui, une telle formation fait partout défaut. L'homme moderne a peu de contrôle sur ses sens, ses impulsions, ses humeurs et ses désirs. Il se laisse rapidement influencer par son environnement. Dans le cours normal des évènements, il se retrouve chef de famille et donc surchargé d'obligations mondaines. Souvent, il en oublie même d'adresser une petite prière à Dieu. »

• • •

« Pourquoi la souffrance est-elle si répandue sur terre ? » demanda un étudiant. Le Maître répondit :
« Les raisons de la souffrance sont nombreuses. L'une d'elles est d'empêcher l'homme de trop apprendre des autres et pas assez de lui-même. Un jour ou l'autre, la douleur contraint les êtres humains à se

---

n'est qu'alors que le corps humain atteindra le but pour lequel il a été créé. Voir *réincarnation* dans le glossaire.

Ainsi parlait Paramahansa Yogananda

demander : "Un principe de cause à effet agit-il dans ma vie ? Mes ennuis seraient-ils dus à ma mauvaise façon de penser ?" »

• • •

Réalisant un jour le fardeau qu'un saint doit porter pour soulager les autres, un étudiant dit à Paramahansaji :
« Monsieur, quand le moment viendra, vous serez sans doute heureux de quitter cette terre pour ne jamais y revenir.
– Aussi longtemps que quelqu'un appellera à l'aide, je reviendrai manœuvrer ma barque pour lui offrir de le ramener aux rivages célestes », répondit le Guru.
« Devrais-je me glorifier dans la liberté tandis que d'autres souffrent ? En sachant qu'ils sont dans la souffrance (comme je le serais moi-même si Dieu ne m'avait accordé Sa grâce), je ne pourrais pas apprécier pleinement Son ineffable félicité. »

• • •

« Évitez d'avoir une approche négative de la vie, dit le Maître à un groupe de disciples. Pourquoi abaisser votre regard sur les caniveaux alors que la beauté nous entoure ? On peut trouver des défauts même aux plus grands chefs-d'œuvre artistiques, musicaux et littéraires. Cependant, ne vaut-il pas mieux en apprécier le charme et la gloire ?
« La vie a son côté lumineux et son côté obscur, car le monde de la relativité est composé d'ombres et de lumière. Si vous laissez vos pensées se fixer sur le mal, vous vous enlaidirez. Ne recherchez que les

bons côtés de chaque chose, afin de vous imprégner des qualités de la beauté. »

• • •

« Maître, je ne suis conscient que de la vie présente. Pourquoi n'ai-je aucun souvenir de mes incarnations précédentes [1] et aucune prescience d'une existence future ? » demanda un disciple. Paramahansaji répondit :
« La vie est comme une grande chaîne jetée dans l'océan de Dieu. Quand une partie de cette chaîne est tirée hors de l'eau, on ne voit que cette partie. Le début et la fin sont cachés. Dans cette incarnation présente, tu ne vois qu'un maillon de la chaîne de la vie. Le passé et le futur, bien qu'invisibles, demeurent dans les profondeurs de Dieu qui révèle leurs secrets aux disciples qui sont en harmonie avec Lui. »

• • •

« Croyez-vous en la divinité du Christ ? » demanda un visiteur. Le Maître répondit :
« Oui. J'aime énormément parler de lui, parce que c'était un homme de parfaite réalisation du Soi. Cependant, ce n'était pas l'*unique* fils de Dieu, pas plus qu'il ne le prétendait. Il enseignait plutôt clairement que ceux qui font la volonté de Dieu deviennent, tout comme lui, un avec Lui. La mission de Jésus sur terre n'était-elle pas de rappeler à tous les hommes que le Seigneur est leur Père Céleste et de leur montrer le chemin pour retourner vers Lui ? »

• • •

---

[1] Voir *réincarnation* dans le glossaire.

Ainsi parlait Paramahansa Yogananda

« Il me semble injuste que le Père Céleste permette tant de souffrances dans le monde », remarqua un étudiant. Paramahansaji répliqua :

« Aucune cruauté n'existe dans le plan de Dieu, car à Ses yeux il n'y a ni bien ni mal, seulement des images de lumière et d'ombres. Le Seigneur a voulu que nous percevions les scènes dualistes de la vie comme Il les voit Lui-même, en Témoin éternellement joyeux d'un prodigieux spectacle cosmique.

L'homme s'est faussement identifié à la pseudo-âme ou ego. Quand il transfère son sens de l'identité à son être véritable, l'âme immortelle, il découvre que toute douleur est irréelle. Il ne peut même plus *imaginer* l'état de souffrance. »

Puis il ajouta : « Les grands Maîtres qui viennent sur terre pour aider leurs frères égarés ont l'autorisation de Dieu de partager, à un certain niveau mental, les douleurs de l'humanité. Mais cette compatissante participation aux sentiments humains ne perturbe pas les niveaux plus profonds de conscience dans lesquels ces saints n'éprouvent qu'une immuable béatitude. »

• • •

Le Maître disait souvent à ses disciples : « Voilà un chant que vous devriez constamment fredonner à l'insu d'autrui : "Je serai toujours à Toi, Seigneur." »

• • •

Un disciple avait décidé de quitter l'ermitage. Il dit à Paramahansaji : « Peu importe où je suis, je méditerai et je suivrai toujours vos enseignements.

– Non, tu ne pourras pas le faire, répondit le Maître.

Ainsi parlait Paramahansa Yogananda

Ta place est ici. Si tu retournes à ton ancienne vie, tu oublieras cette voie ! »

L'étudiant partit. Il n'arriva pas à poursuivre la pratique de la méditation et retomba dans les préoccupations mondaines. Le Guru s'affligea pour sa « brebis égarée » et dit aux disciples :

« Le mal détient son propre pouvoir. Si vous allez de son côté, il vous happera. Quand vous faites un faux pas, revenez immédiatement sur les sentiers de la droiture. »

• • •

« Si un homme vous disait : "Je suis Dieu", vous ne penseriez pas qu'il dise la vérité, dit le Maître à un groupe de disciples. Mais nous pouvons tous affirmer à juste titre : "Dieu est devenu moi." De quelle autre substance pourrions-nous être faits ? Il est l'unique tissu de la création. Avant qu'Il n'ait manifesté les mondes phénoménaux, rien n'existait sauf Lui-même en tant qu'Esprit. Il a tout créé à partir de Son être : l'univers et les âmes des êtres humains. »

• • •

« Devrais-je lire des livres ? » demanda un disciple.

« L'étude des Écritures t'inspirera une plus grande ardeur pour Dieu si tu en lis lentement les strophes et si tu essaies d'en assimiler la signification profonde, répondit le Maître. Lire des textes sacrés sans en suivre les préceptes produit vanité, fausse satisfaction et, comme je dis, une "indigestion intellectuelle".

« Beaucoup de gens sont tenus de lire des ouvrages profanes pour gagner leur vie, mais ceux qui, comme toi, ont renoncé au monde, ne devraient pas lire de textes non religieux desquels Dieu est absent. »

• • •

« La création connaît-elle vraiment un processus d'évolution ? » demanda un disciple.

« L'évolution est une suggestion que Dieu propose à l'esprit humain et elle est vraie dans le monde de la relativité, répondit le Maître. En fait, tout se passe dans le présent. En Esprit, il n'y a aucune évolution, tout comme il n'y a aucune transformation dans le faisceau de lumière à travers lequel toutes les images changeantes du cinéma se manifestent. Le Seigneur peut faire avancer ou reculer le film de la création, mais tout ne se déroule vraiment que dans un éternel *maintenant*. »

• • •

« Travailler pour le Seigneur et non pour soi-même signifie-t-il qu'il est mauvais d'être ambitieux ? » demanda un disciple.

« Non, tu devrais avoir de l'ambition pour accomplir un travail pour Dieu, dit le Maître. Si ta volonté est faible et ton ambition morte, tu as déjà perdu la vie. Mais ne laisse pas ton ambition te créer des liens matériels.

« Ne rechercher des choses que pour soi est destructif ; rechercher des choses pour autrui est constructif ; mais chercher à plaire à Dieu est la meilleure attitude. Elle te conduira directement à la Présence Divine. »

• • •

Ainsi parlait Paramahansa Yogananda

« Je suis attiré par une vie en ermitage, dit un homme à Paramahansaji, mais j'hésite à abandonner ma liberté.

– Sans réalisation divine, vous n'avez guère de liberté, répondit le Maître. Votre vie est gérée par des impulsions, des caprices, des humeurs, des habitudes, ainsi que par votre environnement. En suivant les conseils d'un guru et en acceptant sa discipline, vous vous libérerez progressivement de l'esclavage des sens. Être libre signifie pouvoir agir en étant guidé par l'âme et non par les impulsions des désirs et des habitudes. Obéir à l'ego conduit à la servitude ; obéir à l'âme apporte la libération. »

• • •

« Monsieur, à part le *Kriya Yoga*, y a-t-il une méthode scientifique qui puisse conduire un disciple à Dieu ? » demanda un étudiant.

« Oui, dit le Maître. Un chemin rapide et sûr vers l'Infini consiste à maintenir son attention fixée entre les sourcils, sur le centre de la Conscience Christique [1]. »

• • •

« Est-il mauvais de douter ? Je n'aime pas croire aveuglément », dit un étudiant. Le Maître répondit :

« Il y a deux sortes de doute : le doute destructif et le doute constructif. Le premier est le scepticisme par habitude. Ceux qui cultivent cette attitude font preuve d'incrédulité aveugle ; ils fuient le travail d'une recherche impartiale. Le scepticisme est un parasite

---

[1] Voir *œil spirituel* dans le glossaire.

de notre radio mentale qui nous empêche d'écouter le programme de la vérité.

« Le doute constructif est une investigation intelligente et un examen honnête. Ceux qui cultivent cette attitude n'ont pas de préjugés, tout comme ils n'acceptent pas aveuglément les opinions d'autrui. Sur le chemin spirituel, les sceptiques constructifs basent leurs conclusions sur des preuves et sur leur expérience personnelle : c'est l'approche correcte pour connaître la vérité. »

• • •

« Pourquoi Dieu devrait-Il Se livrer facilement à vous ? demanda le Maître lors d'une conférence. Vous qui travaillez si dur pour gagner de l'argent et si peu pour la réalisation divine ! Les saints hindous nous disent qu'il suffirait de consacrer vingt-quatre heures à prier de manière continue et sans interruption pour voir le Seigneur apparaître devant nous ou pour qu'Il Se manifeste d'une manière ou d'une autre. Si nous consacrons ne serait-ce qu'une heure par jour à méditer en profondeur sur Lui, Il finira par venir à nous. »

• • •

Paramahansaji avait conseillé à un disciple plutôt intellectuel d'essayer de développer sa dévotion. Estimant que le jeune homme faisait de bons progrès, le Maître lui dit un jour affectueusement :

« Sois assidu sur le chemin de la dévotion. Quelle "sécheresse" était ta vie quand tu ne dépendais que de l'intellect ! »

* * *

« Les désirs sont les ennemis les plus tenaces de l'homme qui ne peut les apaiser, dit le Maître. N'ayez qu'un désir : connaître Dieu. Satisfaire les désirs sensoriels ne peut vous rassasier car vous n'êtes pas les sens. Ce ne sont que vos serviteurs, pas votre Moi. »

* * *

Paramahansaji était assis avec quelques disciples près de l'âtre du salon de l'ermitage pour s'entretenir de sujets spirituels. Il dit :
« Imaginez deux hommes. À leur droite se trouve la vallée de la vie et à leur gauche, la vallée de la mort. Ce sont tous deux des hommes de raison, mais l'un se dirige vers la droite et l'autre vers la gauche. Pourquoi ? Parce que le premier a utilisé son pouvoir de discernement à bon escient, alors que le second l'a dédaigné en se complaisant dans de fausses rationalisations. »

* * *

« Maître, le Dr Lewis fut votre premier disciple dans ce pays, n'est-ce pas ? »
Paramahansaji répondit : « C'est ce qu'on dit ! Voyant son interlocuteur quelque peu déconcerté, le Maître ajouta : Je ne dis jamais que les autres sont mes disciples. Dieu est le Guru ; ce sont Ses disciples. »

* * *

Un étudiant déplorait le fait que les références aux malheurs du monde faisaient habituellement la une des journaux.

« Le mal se propage avec le vent, dit le Maître. La vérité est capable de voyager à contre-courant. »

• • •

Nombreux étaient ceux qui voulaient connaître l'âge du Maître. Il se mettait à rire et disait :

« Je n'ai pas d'âge. J'existais avant les atomes, avant l'aube de la création ! »

Il donna ce conseil aux disciples :

« Répétez-vous cette vérité : "Je suis l'Océan infini, devenu multiple dans les vagues. Je suis éternel et immortel. Je suis Esprit." »

• • •

« Qu'est-ce qui empêche la terre de quitter son orbite ? » demanda Paramahansaji à un disciple.

– La force centripète ou l'attraction gravitationnelle du soleil, Monsieur, qui empêche la terre d'errer dans l'espace intersidéral, répondit le jeune homme.

– Et qu'est-ce qui empêche alors la terre d'être complètement avalée par le soleil ? poursuivit le Maître.

– La force centrifuge de la terre, Monsieur, grâce à laquelle elle se maintient à une certaine distance du soleil. »

Le Maître sourit de façon significative. Le disciple réalisa plus tard que Paramahansaji avait allégoriquement parlé de Dieu en tant que Soleil attractif et de l'homme égocentriste en tant que Terre qui « garde ses distances ».

Sri Yogananda et l'ancien Lieutenant-gouverneur de Californie, Goodwin J. Knight, qui participa à l'inauguration du Hall indien de l'ashram de la Self-Realization de Hollywood en 1951

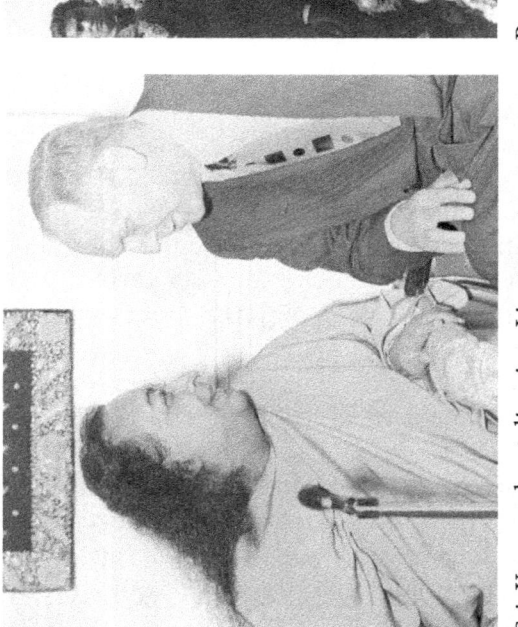

Paramahansaji avec ses invités Amala et Uday Shankar, danseurs classiques hindous réputés, ainsi que leur compagnie de danseurs et de musiciens (dont le brillant sitariste Ravi Shankar, le frère d'Uday Shankar). Ashram de la Self-Realization, Encinitas, Californie, 1950

* * *

Un étudiant essayait de saisir par une analyse intellectuelle le concept de Dieu. Le Maître lui dit :

« Ne pense pas pouvoir appréhender le Seigneur Infini par la raison. Cette dernière ne peut saisir que le principe de cause à effet qui appartient aux mondes phénoménaux. La raison est impuissante à concevoir la vérité transcendantale et la nature de l'Absolu dénué de cause.

La faculté suprême de l'homme n'est pas la raison mais l'intuition : la perception de la connaissance provenant immédiatement et spontanément de l'âme et non pas par l'intermédiaire faillible des sens ou de la raison. »

* * *

En réglant une dispute entre deux étudiants, le Maître leur dit : « L'humanité n'a qu'un seul vrai ennemi : l'ignorance. Travaillons tous ensemble à sa destruction en nous aidant et en nous encourageant les uns les autres le long du chemin. »

* * *

« Comment Dieu, l'Absolu non manifesté, peut-Il apparaître sous une forme visible [1] à un disciple ? » demanda un homme. Le Maître lui répondit :

« Si vous doutez, vous ne verrez pas ; et si vous voyez, vous ne douterez pas. »

* * *

---

[1] Voir *Mère Divine* dans le glossaire.

« Mais Monsieur, avança un disciple, je n'avais pas réalisé que mes paroles feraient de la peine à X... » Le Maître répondit :

« Même si nous enfreignons inconsciemment une loi ou si nous blessons involontairement quelqu'un, nous avons néanmoins causé un dommage. C'est l'égotisme qui nous égare. Les saints n'agissent pas de manière inconsidérée, car ils ont renoncé à l'ego et ont trouvé leur véritable identité en Dieu. »

• • •

Un disciple exprima son écœurement envers quelqu'un dont les crimes venaient d'être étalés dans les journaux.

« Je suis désolé pour un homme qui est malade, lui dit le Maître. Pourquoi devrais-je haïr un homme qui s'est tourné vers le mal ? Il est *réellement* malade. »

• • •

« Quand les parois d'un réservoir sont trouées, dit le Maître, les eaux fuient dans toutes les directions. De même, quand les limites de l'agitation [1] et de l'illusion sont supprimées par la méditation, la conscience de l'être humain s'étend à l'infini et fusionne avec l'omniprésence de l'Esprit. »

• • •

« Pourquoi le Seigneur nous donne-t-Il des familles s'Il ne veut pas que nous les aimions plus que les autres personnes ? » demanda un étudiant.

---

[1] Voir *respiration* dans le glossaire.

« En nous regroupant par familles, Dieu nous donne l'occasion de vaincre notre égoïsme et nous aide à penser aux autres, répondit le Maître. À travers nos amis, Il nous offre un moyen d'élargir encore plus notre compassion. Mais ce n'est pas la fin ; nous devrions continuer à développer notre amour jusqu'à ce qu'il devienne divin, jusqu'à contenir tous les êtres. Sinon, comment pouvons-nous atteindre l'unicité avec Dieu, notre Père à tous ? »

• • •

Évoquant de manière poignante la patience de l'amour de Dieu, le Guru dit : « Dans l'un de Ses aspects les plus touchants, le Seigneur peut être comparé à un mendiant. Il désire notre attention. Le Maître de l'Univers – Celui sur qui toutes les étoiles, les soleils, les lunes et les planètes jettent un regard frémissant – poursuit l'être humain et lui dit : "Ne veux-tu pas Me donner ton affection ? Ne M'aimes-tu pas plus, Moi le Donneur, que tous les objets que J'ai créés pour toi ? Ne veux-tu pas venir à Ma recherche ?"

« Mais l'homme objecte : "Je suis trop occupé maintenant ; j'ai du travail. Je n'ai pas le temps de Te chercher."

« Alors, le Seigneur répond : "J'attendrai." »

• • •

Le Maître fit une présentation sur la création et la raison pour laquelle le Seigneur la mit en mouvement. Les disciples posèrent de nombreuses questions. Paramahansaji rit, puis il dit :

« La vie est un vrai chef-d'œuvre écrit par Dieu.

Ainsi parlait Paramahansa Yogananda

L'être humain deviendrait fou s'il essayait de la comprendre uniquement par la raison. C'est pourquoi je vous dis de méditer davantage. Élargissez la coupe magique de votre intuition et vous serez alors en mesure de contenir l'océan de sagesse infinie. »

• • •

« Je vois que vous avez deux sortes de disciples : ceux qui vivent dans le monde et ceux qui y ont renoncé et vivent à l'ermitage, déclara un visiteur. Lesquels d'entre eux suivent la meilleure voie ?

– Certaines personnes aiment tellement Dieu que rien d'autre n'a d'importance. Elles renoncent au monde extérieur et travaillent ici uniquement pour le Seigneur, répondit le Maître. Celles qui doivent travailler dans le monde pour gagner leur vie et celle de leur famille ne sont pas exclues de la communion divine. Normalement, cela leur prendra davantage de temps pour trouver Dieu, c'est tout. »

• • •

Un homme se plaignait que les choses allaient mal pour lui. « Ce doit être mon karma, dit-il. Il semble que rien ne me réussisse.

– Vous devriez alors faire plus d'efforts, répondit le Maître. Oubliez le passé et faites davantage confiance à Dieu. Il n'a pas prédestiné notre sort ; pas plus que le karma en est le seul facteur, bien que nos vies soient *influencées* par nos pensées et nos actions passées. Si vous n'êtes pas satisfait de la tournure que prend votre vie, modifiez-en le cours. Je n'aime pas entendre les hommes gémir et attribuer leurs échecs du présent à leurs erreurs des vies antérieures ; agir ainsi est de la paresse spirituelle. Mettez-vous au travail et désherber le jardin de votre vie. »

· · ·

« Pourquoi Dieu ne punit-il pas ceux qui blasphèment Son nom ? » s'enquit un étudiant. Le Maître répondit :
« Dieu n'est pas plus touché par les prières et les louanges hypocrites que par les accès de colère des athées ignorants. Il ne répond aux hommes qu'à travers Ses lois. Frappe une pierre avec ton poing, bois de l'acide sulfurique et tu en subiras les conséquences. Brise Ses lois de la vie et les souffrances viendront. Pense correctement, conduis-toi noblement et la paix viendra. Aime Dieu de manière inconditionnelle et *Il* viendra ! »

· · ·

« Le plus grand des hommes est celui qui se considère le dernier, comme Jésus l'a enseigné, dit Paramahansaji. Un vrai chef est celui qui a tout d'abord appris l'obéissance, qui se considère lui-même le serviteur de tous et qui ne se place jamais sur un piédestal. Ceux qui recherchent la flatterie ne méritent pas notre admiration, mais celui qui nous sert a droit à notre amour. Dieu n'est-Il pas le serviteur de Ses enfants ? Demande-t-Il des louanges ? Non, Il est trop grand pour en être touché. »

· · ·

Le Maître donnait des conseils aux ministres de la Self-Realization pour la préparation de leurs sermons. Il leur dit :

« Tout d'abord, méditez profondément. Puis, tout en maintenant le sentiment de paix qui accompagne la méditation, réfléchissez au sujet de votre exposé. Mettez vos idées par écrit et insérez une ou deux histoires amusantes, car les gens aiment rire ; concluez par une citation tirée des *Leçons de la SRF* [1]. Ensuite, mettez vos notes de côté et oubliez-les. Juste avant de prononcer votre sermon dans l'église, demandez à l'Esprit de passer à travers vos paroles. Vous tirerez ainsi votre inspiration non pas de l'ego, mais de Dieu. »

• • •

Une dame dit au Guru que, bien qu'elle eût assisté régulièrement aux services de son temple, elle ne se sentait pas plus proche de Dieu. Paramahansaji lui répondit :

« Si je vous décris la couleur d'un fruit, vous dis qu'il est sucré et vous explique la façon dont il pousse, vous n'aurez que des informations accessoires à son sujet. Pour connaître sa saveur particulière, vous devez en mangez vous-même. De même, pour réaliser la vérité, vous devez en faire l'expérience. »

Il ajouta : « Je ne peux qu'éveiller votre appétit pour le fruit divin. Pourquoi ne pas vous décider à en croquer un morceau ? »

• • •

« Nous sommes tous des vagues dans le sein de l'Océan, dit le Maître. La mer peut exister sans les

---

[1] Voir le glossaire.

vagues, mais les vagues ne peuvent exister sans la mer. De même, l'Esprit peut exister sans l'être humain, mais ce dernier ne peut exister sans l'Esprit. »

• • •

Un disciple luttait, sans grand succès, pour surmonter ses faiblesses. Le Maître lui dit :
« Pour le moment, je ne te demande pas de vaincre *maya*. Tout ce que je te demande, c'est d'y *résister*. »

• • •

À un nouvel étudiant désireux d'échapper aux épreuves de la vie, le Maître dit :
« Le Médecin divin te garde à l'hôpital de l'illusion terrestre jusqu'à ce que ta maladie de désir pour les choses matérielles soit guérie. C'est alors qu'Il te renverra à la Maison. »

• • •

Le Maître rencontra un célèbre homme d'affaires lors d'une conférence donnée sur la côte Est. Durant leur conversation, l'homme lui fit la remarque suivante :
« Je me porte scandaleusement bien et je suis scandaleusement riche !
– Mais vous n'êtes pas scandaleusement heureux, n'est-ce pas ? » objecta le Maître.
L'homme dut l'admettre et devint un étudiant fidèle des enseignements du *Kriya Yoga* de Paramahansaji.

Ainsi parlait Paramahansa Yogananda

• • •

Se référant au passage biblique « Voici, je me tiens à la porte et je frappe. Si quelqu'un entend ma voix et ouvre la porte, j'entrerai chez lui, je souperai avec lui, et lui avec moi [1] », le Maître dit :
« Le Christ cherche à passer la porte de votre cœur, mais vous l'avez verrouillé avec l'indifférence. »

• • •

« C'est une bonne chose, Monsieur, que vous prêchiez en ce moment en Amérique. Après deux guerres mondiales, les gens sont plus réceptifs à votre message spirituel », fit remarquer un homme qui venait de lire *Autobiographie d'un Yogi*.
« Oui, répondit le Maître. Il y a cinquante ans, ils auraient été indifférents. "Il y a un temps pour tout, un temps pour toutes choses sous les cieux [2]." »

• • •

Suite à la croissance rapide de la Self-Realization Fellowship, l'organisation qu'il avait fondée afin de propager son enseignement, le Maître remarqua que certains disciples se laissaient accaparer par leur travail. Il les mit en garde : « Ne soyez jamais trop occupés pour pouvoir chanter secrètement au Seigneur : "Tu es à moi ; je suis à Toi !" »

• • •

---

[1] Apocalypse 3 : 20.
[2] Ecclésiastes 3 : 1.

Ainsi parlait Paramahansa Yogananda

Observant qu'un disciple se renfermait dans la tristesse, le Maître lui dit gentiment :
« Quand l'épine de la souffrance transperce ton cœur, retire-la avec celle de la méditation. »

• • •

« Ce n'est pas un chemin pour les oisifs, dit le Maître à un nouveau résident du centre de Mont Washington, lors d'un petit discours de bienvenue. Le paresseux ne peut pas trouver Dieu, l'Ouvrier prodigieux de la création ! Il n'aide pas ceux qui pensent qu'Il devrait faire tout le travail. En secret, Il aide ceux qui effectuent leurs tâches avec entrain et intelligence et qui Lui disent : "Seigneur, c'est Toi qui utilises mon cerveau et mes mains." »

• • •

À un étudiant qui se plaignait d'être trop occupé pour méditer, le Maître fit cette remarque laconique :
« Suppose que Dieu soit trop occupé pour s'occuper de toi ? »

• • •

« Le corps humain est une idée divine dans l'esprit de Dieu, déclara le Maître. Il nous a créés à partir de rayons de lumière immortelle [1] et nous a recouverts d'un bulbe de chair. Nous avons porté notre attention sur la faiblesse de ce bulbe périssable plutôt que sur l'énergie vitale éternelle qu'elle contient. »

---

[1] « L'œil est la lampe du corps. Si ton œil est unique, ton corps entier sera rempli de lumière. » (Matthieu 6 : 22.)

Ainsi parlait Paramahansa Yogananda

• • •

« Dieu semble vague et lointain, commenta un étudiant.

— Le Seigneur semble distant uniquement parce que ton attention est dirigée vers Sa création extérieure et non intérieurement vers Lui, dit le Maître. Chaque fois que ton esprit vagabonde dans les dédales des innombrables pensées terrestres, ramène-le patiemment vers le souvenir du Seigneur qui réside en toi. Après un certain temps, tu verras qu'Il est toujours avec toi ; un Dieu qui te parle dans ton propre langage, un Dieu qui te regarde furtivement à travers chaque fleur, chaque arbuste et chaque brin d'herbe.

« Alors, tu diras : "Je suis libre ! Je suis revêtu des voiles de l'Esprit ; je vole de la terre aux cieux avec des ailes de lumière." Quelle joie consumera ton être ! »

• • •

« Pouvez-vous dire, juste en regardant une personne, à quel point elle est spirituellement avancée ? demanda un disciple à Paramahansaji.

— Au premier coup d'œil, répondit calmement le Maître. Je vois le côté caché des gens parce que c'est mon travail dans la vie. Mais je ne parle pas de mes découvertes. Celui qui dit de manière égotiste qu'il sait, ne sait pas ; celui qui sait réellement, parce qu'il connaît Dieu, reste silencieux. »

• • •

À une disciple qui lui demandait sans cesse de lui accorder la conscience divine, mais qui ne faisait rien

Ainsi parlait Paramahansa Yogananda

pour se préparer à un tel état, le Maître dit :

« Une personne qui aime véritablement Dieu peut inspirer à ses frères et sœurs vagabonds le désir de retourner dans la Demeure Divine qui est la leur, mais ils doivent faire eux-mêmes le vrai voyage, pas à pas. »

• • •

Chaque année à la veille de Noël, les disciples se rassemblaient pour méditer avec le Maître au centre de Mont Washington. La réunion sacrée durait généralement toute la journée et empiétait même sur la soirée. Au cours de la méditation de Noël 1948, la Mère Divine apparut au Maître et les disciples ébahis l'entendirent converser avec Elle. Il s'exclama à plusieurs reprises, avec un profond soupir :

« Oh, Vous êtes si belle ! »

Paramahansaji révéla à de nombreux disciples présents Ses souhaits concernant leur vie. Tout à coup, il s'écria :

« Ne partez pas ! Vous dites que les désirs matériels subconscients de ces personnes Vous font fuir ? Oh, revenez ! Revenez ! »

• • •

« Maître, je n'ai jamais réussi à croire au paradis, observa un nouvel étudiant. Un tel endroit existe-t-il vraiment ?

– Oui, répondit Paramahansaji. C'est l'endroit où ceux qui aiment Dieu et qui mettent leur confiance en Lui vont lorsqu'ils meurent. Sur ce plan astral [1], on a le pouvoir de tout matérialiser immédiatement,

---

[1] Voir *mondes astraux* dans le glossaire.

grâce à la seule pensée. Le corps astral est fait de lumière chatoyante. Des couleurs et des sons inconnus sur terre existent dans ces univers. C'est un monde magnifique et agréable, mais même l'expérience du paradis n'est pas l'état le plus élevé. L'être humain atteint la béatitude finale quand il dépasse les sphères phénoménales et réalise Dieu, et lui-même, comme Esprit Absolu.

• • •

« Mis côte à côte, le diamant et le charbon reçoivent également les rayons du soleil ; mais le charbon ne peut réfléchir la lumière solaire avant de devenir un diamant, blanc et transparent, dit le Maître. De même, la beauté d'une personne ordinaire, sans éclat spirituel, ne peut être comparée à celle du disciple purifié, capable de refléter la lumière de Dieu. »

• • •

« Abstenez-vous de faire des commérages et de colporter des rumeurs, dit le Maître à un groupe de disciples. Donnez vingt-quatre heures de vie à un mensonge et il deviendra immortel.

« Un homme qui vivait à l'ermitage racontait souvent des mensonges sur autrui. Un beau jour, il fit naître une rumeur sans fondement sur un jeune homme. Quand elle parvint à mes oreilles, je chuchotai à quelques personnes une histoire inoffensive mais fausse sur cet homme.

« Il vint à moi et dit avec indignation : "Écoutez ce que tous les gens d'ici disent de moi !" J'écoutai poliment. Quand il eut fini, je lui fis remarquer : "Tu

Ainsi parlait Paramahansa Yogananda

n'aimes pas ça, n'est-ce pas ?
– Sûrement pas !
– Maintenant, tu sais comment ce jeune homme se sentait quand les autres répétaient le mensonge que tu as inventé." L'homme était abasourdi. Je continuai : C'est moi qui, le premier, ai fait circuler cette histoire sur toi. Je l'ai fait pour te donner une leçon de considération envers les autres, une leçon que tu n'étais pas capable d'apprendre d'une autre manière. »

• • •

« Vous devriez méditer profondément, dit le Maître à un groupe de disciples. Dès que vous laissez l'agitation s'emparer de votre esprit, les vieux problèmes resurgissent : désirs de sexe, d'alcool et d'argent. »

• • •

« L'être humain semble posséder bien peu de libre arbitre, observa un étudiant. Ma vie est "réglée" dans tellement de domaines.
– Tourne-toi vers Dieu et tu te libéreras des chaînes des habitudes et de l'environnement, répondit le Maître. Bien que le drame de la vie soit gouverné par un plan cosmique, l'être humain peut changer son rôle en changeant le centre de sa conscience. Le Soi identifié à l'ego est emprisonné ; le Soi identifié à l'âme est libre. »

• • •

Au centre de Mont Washington, un visiteur dit à Paramahansaji :

« Je crois en Dieu, cependant, Il ne m'aide pas.

– Croire en Dieu et avoir foi en Dieu sont deux choses différentes, répondit le Maître. Une croyance ne vaut rien si vous ne la vérifiez pas et si vous ne la mettez pas en pratique. La foi est la croyance convertie en expérience. C'est pourquoi le prophète Malachie nous dit : "*Et mettez-moi ainsi à l'épreuve*, dit l'Éternel des armées. Et vous verrez si Je n'ouvre pas pour vous les écluses des cieux, si Je ne répands pas sur vous les bénédictions en abondance [1]." »

• • •

Une étudiante avait commis une grave erreur. Elle dit avec regrets : « J'ai toujours cultivé de bonnes habitudes. C'est incroyable que ce malheur me soit arrivé.

– Ton erreur a été de trop te fier à tes bonnes habitudes et de négliger la pratique constante du bon jugement, déclara le Maître. Tes bonnes habitudes t'aident dans les situations ordinaires et familières, mais peuvent ne pas suffire à te guider lorsqu'un problème nouveau se présente. C'est alors que le discernement devient nécessaire. En méditant plus profondément, tu apprendras à prendre la bonne décision dans toutes les situations, même lorsque tu seras confrontée à des circonstances extraordinaires. Il ajouta :

« L'être humain n'est pas un automate, c'est pourquoi il ne peut pas toujours vivre avec sagesse en suivant simplement des règles établies et des préceptes moraux rigides. Dans la grande variété de problèmes et d'évènements quotidiens, nous trouvons tout un champ d'action pour développer notre bon jugement. »

[1] Malachie 3 : 10.

Ainsi parlait Paramahansa Yogananda

• • •

Un jour, Paramahansaji fit des reproches à un moine pour sa mauvaise conduite. Celui-ci demanda : « Mais vous allez me pardonner, n'est-ce pas, Monsieur ? »

Le Maître répondit : « Eh bien, que puis-je faire d'autre ? »

• • •

Un groupe de disciples composé de femmes de tous âges pique-niquait avec le Maître dans les jardins de l'ashram de la Self-Realization d'Encinitas qui surplombe l'océan Pacifique. Paramahansaji leur dit :

« C'est tellement mieux que les amusements turbulents et oiseux des matérialistes ! Chacune de vous s'enrichit de paix et de bonheur. Dieu veut que Ses enfants vivent simplement et qu'ils se contentent de plaisirs innocents. »

• • •

« Ne vous préoccupez pas des défauts d'autrui, dit le Maître. Utilisez la poudre à récurer de la sagesse pour garder étincelantes et immaculées les chambres de votre esprit. Votre exemple incitera d'autres personnes à faire leur propre ménage. »

• • •

Deux disciples, injustement fâchés contre l'un de leurs frères, soumirent leurs plaintes au Maître qui les écouta en silence. Lorsqu'ils eurent fini, il leur dit : « C'est vous qui devez changer. »

Ainsi parlait Paramahansa Yogananda

• • •

« Exercez la volonté de vos enfants dans la bonne direction, loin de l'égoïsme et des déceptions qui s'ensuivent, dit le Maître à une maman. Ne réfrénez pas leur liberté et ne vous opposez pas inutilement à eux. Faites-leur part de vos suggestions avec amour, en ayant conscience de l'importance qu'ils accordent à leurs petits désirs personnels. Si vous les punissez au lieu de raisonner avec eux, vous perdrez leur confiance. Si un enfant est têtu, expliquez-lui votre point de vue une seule fois, puis ne dites plus rien. Laissez-le encaisser quelques coups qui lui enseigneront le discernement plus rapidement que ne le feraient tous les conseils. »

[Paramahansaji appliquait ses propres recommandations avec sa famille spirituelle de disciples. Il aida des « enfants » de tous âges à développer leur volonté de façon appropriée. Ses suggestions furent faites avec amour et avec une compréhension totale des besoins et de la nature de chaque disciple. Il réprimandait rarement quelqu'un deux fois ; il soulignait la faiblesse d'un disciple une seule fois, puis il gardait le silence.]

• • •

« Il est difficile d'être près d'une rose odorante ou d'un putois nauséabond sans en être affecté, dit le Maître. C'est pourquoi il est préférable de ne s'associer qu'avec les roses humaines. »

• • •

Paramahansa Yogananda s'adressant au public lors de l'inauguration du centre de la Self-Realization Fellowship de Lake Shrine et du Mémorial de Gandhi dédié à la Paix mondiale, Pacific Palisades, Californie, 1950

Ainsi parlait Paramahansa Yogananda

« J'aime vos enseignements. Mais êtes-vous chrétien ? » demanda un homme qui parlait pour la première fois avec Paramahansaji. Le Guru lui répondit :

« Le Christ ne nous a-t-il pas dit : "Ceux qui me disent 'Seigneur, Seigneur !' n'entreront pas tous dans le royaume des cieux, mais celui-là seul qui fait la volonté de mon Père qui est dans les cieux [1]" ?

« Dans la Bible, le terme *païen* signifie idolâtre : quelqu'un dont l'attention est centrée non pas sur le Seigneur mais sur les attraits du monde. Un matérialiste peut aller à l'église le dimanche et pourtant être païen. Celui qui garde la lampe du souvenir du Père Céleste toujours allumée et qui obéit aux préceptes de Jésus est un chrétien. Il ajouta : C'est à vous de décider si je suis chrétien ou non. »

• • •

« Tu vois comme il est bon de travailler pour le Seigneur, dit le Maître à un disciple appliqué et assidu. Notre sens de l'égotisme ou de l'égoïsme est un test. Travaillerons-nous avec sagesse pour le Père Céleste ou sottement pour nous-mêmes ?

« En accomplissant nos tâches avec le bon état d'esprit, nous comprenons que le Seigneur en est l'unique Auteur, c'est-à-dire que tout pouvoir est divin et qu'il découle de l'Être Unique, Dieu. »

• • •

« La vie est un immense rêve de Dieu, dit le Maître.

– Si ce n'est qu'un rêve, pourquoi la douleur est-elle

---

[1] Matthieu 7 : 21.

si réelle ? s'enquit un étudiant.

— Une tête onirique se cognant contre un mur onirique produit une douleur onirique, reprit Paramahansaji. Un dormeur n'est conscient du caractère hallucinatoire de son rêve que lorsqu'il se réveille. De même, l'être humain ne saisit la nature illusoire du rêve cosmique de la création que lorsqu'il s'éveille en Dieu. »

• • •

Le Maître insistait sur la nécessité de vivre une vie équilibrée d'activités et de méditation.

« Travailler pour Dieu plutôt que pour soi-même, disait-il, a autant de valeur que de méditer. Ainsi, travailler vous aide à méditer et méditer vous aide à travailler. Vous avez besoin d'équilibre. Si vous ne faites que méditer, vous devenez paresseux ; si vous ne faites qu'agir, votre esprit devient matérialiste et vous oubliez Dieu. »

• • •

« C'est merveilleux de penser que le Seigneur nous aime tous également, dit un visiteur, mais il me semble injuste qu'Il S'intéresse autant à un pécheur qu'à un saint.

— Un diamant a-t-il moins de valeur parce qu'il est couvert de boue ? répondit le Maître. « Dieu voit la beauté immuable de nos âmes. Il sait que nous ne sommes pas nos erreurs. »

• • •

De nombreuses personnes semblent défier le progrès, préférant les vieilles ornières de leurs pensées et de leurs actions routinières.

« Je les surnomme des "antiquités psychologiques", dit le Maître à ses disciples. Gardez-vous d'en être une, de peur qu'à votre mort, les anges ne disent : "Oh, voici une antiquité qui arrive ! Renvoyons-la sur terre [1] !" »

• • •

« Quelle est la différence entre quelqu'un de matérialiste et quelqu'un de mauvais ? », demanda un homme. Le Maître répondit :

« La plupart des êtres humains sont matérialistes ; quelques-uns sont vraiment mauvais. "Être matérialiste" signifie être stupide, accorder de l'importance aux choses futiles et rester loin de Dieu par ignorance, alors qu'"être mauvais" signifie tourner délibérément le dos au Seigneur ; bien peu le font. »

• • •

Un nouvel étudiant pensait qu'il était possible d'assimiler les enseignements du Maître uniquement par une étude approfondie, sans pratiquer la méditation. Paramahansaji lui dit :

« La perception de la vérité doit être une croissance qui vient de l'intérieur. Elle ne peut être une greffe. »

• • •

---

[1] Voir *réincarnation* dans le glossaire.

Ainsi parlait Paramahansa Yogananda

« Ne vous plaignez pas si vous ne voyez ni lumières ni images pendant votre méditation, dit le Maître à ses disciples. Descendez en profondeur vers la perception de la Félicité ; là vous trouverez la présence réelle de Dieu. Ne recherchez pas une fraction, mais le Tout. »

• • •

Un étudiant qui avait été initié au *Kriya Yoga* par le Maître dit à un autre étudiant :
« Je ne pratique pas quotidiennement le *Kriya*. J'essaie de garder en mémoire la joie que j'ai ressentie la première fois que j'ai utilisé cette technique. »
Lorsque Paramahansaji l'apprit, il rit et dit :
« Il est comme un homme affamé qui refuse toute nourriture, disant : "Non merci. J'essaie de garder la sensation de satisfaction que m'a donnée un repas la semaine dernière." »

• • •

« Maître, j'aime tout le monde, déclara une disciple.
– Tu ne devrais aimer que Dieu » répondit Paramahansaji.
Quelques semaines plus tard, elle rencontra le Guru. Celui-ci lui demanda : « Aimes-tu ton prochain ? »
– Je ne garde mon amour que pour Dieu, répondit-elle.
– Tu devrais aimer tout le monde du même amour. »
Déconcertée, la disciple demanda : « Que voulez-vous dire, Monsieur ? D'abord, vous dites qu'il ne faut pas aimer tout le monde, puis vous dites qu'il ne faut

pas exclure qui que ce soit.

– Tu es attirée par la personnalité des gens ; cela conduit à des attachements restrictifs, expliqua le Maître. Quand tu aimeras vraiment Dieu, tu Le verras dans chaque visage et tu sauras ce que signifie aimer tout le monde. Ce ne sont pas les formes et les egos que nous devrions adorer, mais le Seigneur qui réside en chacun. Lui seul dote Ses créatures de vie, de charme et d'individualité. »

• • •

Un disciple exprima son désir de plaire au Maître, qui lui répondit :

« Mon bonheur se trouve dans la certitude que tu es heureux en Dieu. Sois ancré en Lui ! »

• • •

« Mon désir de Dieu est très intense », dit un disciple. Le Maître lui répondit :

« Sentir Son attraction dans ton cœur est la plus grande des bénédictions. C'est Sa façon de dire : "Tu as joué trop longtemps avec les divertissements de Ma création. Maintenant, Je te veux avec Moi. Reviens à la maison !" »

• • •

Un groupe de moines et de religieuses de l'Ordre de la Self-Realization discutaient avec Paramahansaji des avantages relatifs du port des habits monastiques dans la quête de Dieu. Le Maître leur dit :

« Ce qui est important, ce n'est pas ce que vous

portez mais votre attitude. Faites de votre cœur un ermitage et parez-vous de l'amour de Dieu. »

• • •

Discutant de la folie d'avoir de mauvaises fréquentations, le Maître dit : « Éplucher de l'ail ou toucher un œuf pourri laisse sur les mains des odeurs désagréables qui nécessitent ensuite un sérieux lavage. »

• • •

« Tant que nous sommes absorbés dans la conscience du corps, nous sommes comme des étrangers en terre inconnue, dit le Maître. Notre terre natale est l'Omniprésence. »

• • •

Un groupe de disciples marchait avec le Maître sur la pelouse de l'ermitage d'Encinitas qui surplombe l'océan. Le temps était très brumeux et sombre. Quelqu'un remarqua : « Qu'il fait froid ! C'est lugubre.
– C'est un peu comme l'atmosphère qui enveloppe une personne matérialiste à l'heure de sa mort, dit le Maître. Elle glisse de ce monde dans ce qui lui semble être un épais brouillard. Rien ne lui est clair ; et, pendant un certain temps, elle est perdue et effrayée. Puis, conformément à son karma, soit elle va dans un monde astral lumineux pour apprendre des leçons spirituelles, soit elle plonge dans la stupeur jusqu'à la survenance du moment karmique propice à sa renaissance sur terre.

« La conscience d'un disciple qui aime Dieu n'est

pas perturbée par la transition de ce monde au suivant. Elle pénètre sans effort dans un univers de lumière, d'amour et de joie. »

• • •

« La plupart des gens sont absorbés par les choses matérielles, dit le Maître. S'il leur arrive parfois de penser à Dieu, c'est uniquement pour Lui demander de l'argent ou la santé. Ils prient rarement pour le cadeau suprême : la vue de Son visage, le toucher transformateur de Sa main.

« Le Seigneur connaît le cours de nos pensées. Il ne Se révèle à nous que lorsque nous Lui avons abandonné le dernier de nos désirs terrestres, que lorsque chacun de nous Lui a dit : "Père, guide-moi et possède-moi !" »

• • •

« Peu importe où vous pointez une boussole, son aiguille indiquera toujours le nord, dit le Maître. Il en est ainsi du véritable yogi. Il peut s'occuper de multiples activités extérieures, mais son esprit reste toujours fixé sur le Seigneur. Son cœur chante inlassablement : "Mon Dieu, mon Dieu, le plus adorable de tous !" »

• • •

« Ne vous attendez pas à une floraison spirituelle quotidienne dans le jardin de votre vie, déclara le Maître à un groupe de disciples. Faites confiance au Seigneur à qui vous vous êtes livrés. Il vous apportera l'accomplissement divin au moment propice.

« Vous avez déjà semé les graines du désir divin ; arrosez-les de prières et de bonnes actions. Arrachez les mauvaises herbes du doute, de l'indécision et de la léthargie. Lorsque les germes de perceptions divines apparaîtront, prenez-en soin avec dévotion. Un beau matin vous verrez éclore la fleur de la réalisation du Soi. »

• • •

Paramahansaji faisait une présentation devant un groupe de disciples. L'un d'eux, qui semblait pourtant attentif aux paroles du Guru, laissa ses pensées vagabonder. Lorsque le moment de se souhaiter bonne nuit arriva, Paramahansaji lui fit cette remarque :

« Le mental est comme un cheval ; il est bon de l'attacher de peur qu'il ne s'enfuie. »

• • •

Par manque de compréhension des vérités spirituelles, beaucoup d'hommes et de femmes sont réfractaires aux conseils du sage qui désire les aider et les rejettent avec méfiance. Un jour, Paramahansaji dit en soupirant :

« Les gens sont si habiles dans leur ignorance ! »

• • •

Un nouvel étudiant consciencieux, espérant obtenir des résultats du jour au lendemain comme par magie, fut déçu de s'apercevoir qu'après une semaine d'effort dans ses méditations, il ne pouvait détecter en lui aucun signe de la présence de Dieu.

« Si tu ne trouves pas de perles après une ou deux plongées, ne blâme pas l'océan ; attribues-en la faute à ta plongée », lui dit le Maître. « Tu n'es pas encore descendu assez profondément. »

• • •

« Grâce à la pratique de la méditation, dit le Maître, vous découvrirez un paradis portatif dans votre cœur. »

• • •

À bien des égards, le Maître était le plus doux des hommes, mais il pouvait être inflexible en certaines circonstances. N'ayant vu que le côté tendre de Paramahansaji, un disciple négligea peu à peu ses devoirs. Le Guru le réprimanda sèchement. Voyant la stupéfaction dans les yeux du jeune homme après cette marque inattendue de discipline, le Maître déclara :
« Quand vous oubliez le but élevé qui vous a amené ici, je me souviens de mon obligation spirituelle de corriger vos fautes. »

• • •

Le Maître soulignait la nécessité d'une sincérité totale envers Dieu. Il dit :
« Le Seigneur ne peut pas être acheté par le nombre de fidèles d'une église, pas plus que par sa richesse ou l'éloquence des sermons qui y sont prononcés. Dieu ne visite que l'autel des cœurs nettoyé par les larmes de la dévotion et éclairé par les chandelles de l'amour. »

Ainsi parlait Paramahansa Yogananda

• • •

Un disciple était affligé car ses condisciples semblaient faire davantage de progrès spirituels que lui. Le Maître lui dit :

« Tu lorgnes le plat au lieu de regarder dans ton assiette. Tu penses à ce que tu n'as pas eu plutôt qu'à ce qui t'a été donné. »

• • •

En parlant de sa grande famille de chercheurs de vérité, le Maître disait souvent :

« La Mère Divine m'a envoyé toutes ces âmes afin que je puisse boire le nectar de Son amour au calice de nombreux cœurs. »

• • •

Intéressé par la propagation du message du Guru, un disciple débordait de joie chaque fois que la fréquentation du temple de la Self-Realization Fellowship d'Hollywood était particulièrement importante. Paramahansaji lui dit :

« Un petit commerçant relève soigneusement le nombre de personnes qui fréquentent son magasin. Je ne pense jamais ainsi en ce qui concerne notre église. Comme je le dis souvent, j'apprécie la "multitude d'âmes" ; mais je donne inconditionnellement mon amitié à tous, qu'ils viennent ici ou non. »

• • •

Le Maître dit à un disciple découragé :
« Ne sois pas pessimiste. Ne dis jamais que tu ne

fais pas de progrès. Lorsque tu penses : "Je ne peux pas trouver Dieu", tu as toi-même rendu ce verdict. Personne d'autre ne garde le Seigneur éloigné de toi. »

• • •

« Maître, dites-moi quelle prière utiliser pour attirer plus rapidement le Divin Bien-aimé vers moi », demanda un disciple hindou. Paramahansaji lui répondit :
« Donne à Dieu les joyaux de prière qui reposent au fond de la mine de ton cœur. »

• • •

Le Maître, qui distribuait toujours généreusement ce qui lui avait été donné, dit un jour : « Je ne crois pas en la charité ! » Observant l'étonnement qui se peignait sur le visage de ses disciples, il ajouta :
« La charité asservit les gens. Partager votre sagesse avec les autres de manière à ce qu'ils soient aptes à s'aider eux-mêmes vaut davantage que tout cadeau matériel. »

• • •

« Une mauvaise habitude peut être rapidement changée », dit le Maître à un disciple qui recherchait son aide.
« Une habitude est le résultat de la concentration de l'esprit. Tu as toujours pensé d'une certaine manière. Pour former une nouvelle habitude qui soit bonne, il suffit de te concentrer dans la direction opposée. »

• • •

« Quand vous aurez appris à être heureux dans le *présent*, vous aurez trouvé le chemin qui mène à Dieu, dit le Maître à un groupe de disciples.
– Alors, très peu de personnes vivent dans le présent, observa un disciple.
– C'est vrai, répondit Paramahansaji. La plupart vivent au travers de pensées du passé ou de l'avenir. »

• • •

Un étudiant qui avait essuyé de nombreuses déceptions commençait à perdre sa foi en Dieu. Le Maître lui dit :
« C'est au moment où la Mère Divine te frappe le plus fort que tu dois t'accrocher fermement à Sa jupe. »

• • •

À propos de la malveillance des commérages, le Maître dit à un groupe de disciples :
« Mon Guru Sri Yukteswar avait l'habitude de dire : "Si ce n'est pas quelque chose que je peux raconter à tout le monde, je ne veux pas l'entendre." »

• • •

« Le Seigneur créa l'être humain ainsi que *maya*, dit le Maître. Les états d'illusion – la colère, l'avidité, l'égoïsme et ainsi de suite – sont Ses inventions, pas les nôtres. C'est à Lui qu'incombe la planification des épreuves dans la course d'obstacles de la vie.

« Un grand saint de l'Inde avait l'habitude de prier

ainsi : "Père Céleste, je n'ai pas demandé à être créé ; mais puisque Tu l'as fait, libère-moi je T'en prie en Ton Esprit." Si vous parlez à Dieu de cette façon, avec amour, Il sera obligé de vous ramener à la Maison. »

• • •

« Ne vous laissez pas impressionner par les louanges de relations qui ne vous connaissent pas vraiment, déclara le Maître. Recherchez plutôt l'opinion fondée de vrais amis, ceux qui vous aident à vous améliorer, qui ne vous flattent jamais et qui ne ferment pas les yeux sur vos défauts. C'est Dieu qui vous guide à travers la sincérité d'amis véritables. »

• • •

Deux étudiants se présentèrent ensemble au centre de Mont Washington pour y être formés. Les autres disciples les avaient en haute estime. Cependant, peu de temps après, les deux étudiants s'en allèrent. Le Maître dit aux résidents de l'ashram :
« Vous étiez impressionnés par leurs actions, mais je surveillais leurs pensées. Ils étaient intérieurement déchaînés, bien qu'ils suivissent toutes les règles. La bonne conduite ne dure pas longtemps si l'on n'adopte pas de moyens appropriés pour purifier son esprit. »

• • •

Un homme était très attiré par les enseignements de Paramahansaji, mais ne suivait pas ses conseils. Le Maître dit de lui:
« Je ne peux pas être mécontent de lui car, bien

qu'il commette beaucoup d'erreurs, son cœur aspire à trouver Dieu. S'il me le permettait, je le conduirais rapidement à la Demeure Divine ; mais il y parviendra en temps voulu. Il est comme une Cadillac embourbée dans la vase. »

• • •

Le Maître dit à un étudiant insatisfait :
« Ne doute pas, sinon Dieu te chassera de l'ermitage. Beaucoup viennent ici en quête de miracles. Mais les maîtres n'étalent pas les pouvoirs que Dieu leur a donnés, à moins qu'Il ne le leur demande. La plupart des humains ne comprennent pas que le plus grand de tous les miracles serait de transformer leur vie en obéissant humblement à Sa volonté. »

• • •

« Dieu vous a envoyés ici dans un but précis, dit le Maître. Agissez-vous en harmonie avec ce but ? Vous êtes venus sur terre pour accomplir une mission divine. Réalisez à quel point elle est importante ! Ne laissez pas l'étroitesse de votre ego entraver la réalisation de votre dessein suprême. »

• • •

Un disciple excusait son manque de progrès spirituel en invoquant les difficultés qu'il avait à surmonter ses fautes. Percevant intuitivement une cause plus profonde, Paramahansaji lui dit :
« Ce ne sont pas tes fautes qui préoccupent le Seigneur, c'est ton indifférence. »

Siège international de la Self-Realization Fellowship/Yogoda Satsanga Society of India. Mont Washington, Los Angeles, Californie

Ainsi parlait Paramahansa Yogananda

• • •

Lorsque le Maître quitta Boston en 1923 pour entreprendre une tournée transcontinentale afin de diffuser les enseignements de la Self-Realization Fellowship, un de ses élèves lui fit la remarque suivante :
« Monsieur, je vais me sentir complètement démuni sans votre direction spirituelle. Le Maître lui répondit :
– Ne dépends pas de moi. Dépends de Dieu. »

• • •

À certains disciples de l'ermitage qui rendaient souvent visite à d'anciens amis en fin de semaine, le Maître dit :
« Vous vous agitez et vous perdez votre temps. Vous êtes venus ici pour réaliser Dieu et maintenant vous vous trahissez en oubliant votre But. Pourquoi chercher des diversions extérieures ? Trouvez le Seigneur et voyez ce que vous avez manqué ! »

• • •

À l'ermitage, deux jeunes disciples étaient souvent en compagnie l'un de l'autre. Le Maître leur dit :
« Il est restrictif de ne s'attacher qu'à une ou à quelques personnes en excluant les autres. Cette ligne de conduite entrave le développement de la compassion universelle. Vous devriez élargir les frontières du domaine de vos amitiés. Disséminez partout votre amour du Dieu présent en toutes choses. »

• • •

Un soir, en regardant les étoiles au cours d'une balade avec un groupe de disciples, le Maître leur dit :

« Chacun d'entre vous est constitué de nombreuses étoiles minuscules – des étoiles d'atomes ! Si votre énergie vitale était libérée de votre ego, vous seriez conscients de tout l'univers. Lorsque des disciples avancés meurent, ils sentent leur conscience se répandre dans l'espace infini. C'est une expérience merveilleuse. »

• • •

Le Maître dit aux personnes rassemblées dans le Temple de la Self-Realization Fellowship de San Diego :

« Laissez l'église vous rappeler l'existence de votre cathédrale intérieure, où vous devriez aller au milieu de la nuit et à l'aube. Là, vous pouvez écouter les orgues puissantes de l'*Aum* et entendre à travers elles le sermon de la sagesse divine. »

• • •

Un soir, alors qu'il était assis avec ses disciples, le Maître dit :

« Les possessions n'ont aucune importance pour moi, mais l'amitié m'est très chère. Dans la véritable camaraderie, on peut apercevoir l'Ami de tous les amis. Après une pause, il poursuivit : Ne soyez jamais déloyal envers un ami et ne trahissez personne. Ce serait un des péchés les plus graves devant le Tribunal Divin. »

• • •

Alors qu'il s'apprêtait à quitter le centre de Mont Washington pour aller donner une conférence, Paramahansaji s'arrêta quelques minutes pour parler avec l'un de ses disciples. Il lui dit :

« Tenir un journal mental est une bonne idée. Chaque soir avant d'aller te coucher, assieds-toi pendant quelques instants et examine ta journée. Observe ce que tu es en train de devenir. Aimes-tu la direction que prend ta vie ? Si ce n'est pas le cas, change-la ! »

• • •

On fit cadeau d'un téléviseur au Maître. Il fut installé dans une pièce où tous les disciples pouvaient l'utiliser. Mais ils y allaient si fréquemment que le Maître leur dit :

« Il vaut mieux ne pas s'intéresser aux divertissements tant que l'on n'a pas trouvé Dieu. Rechercher les distractions signifie L'oubliez. Apprenez d'abord à L'aimer et à Le connaître. Peu importe ce que vous ferez ensuite, car jamais Il ne quittera vos pensées. »

• • •

« La complaisance envers les plaisirs des sens est suivie par la satiété et le dégoût, dit le Maître. Ces expériences constantes de dualité rendent l'être humain maussade et peu fiable. *Maya*, ou l'état d'illusion, se caractérise par des paires d'opposés. Grâce à la méditation sur Dieu, l'Unité Unique, le disciple chasse de son esprit les vagues alternées du plaisir et de la souffrance. »

• • •

Ainsi parlait Paramahansa Yogananda

« Maître, quand je serai plus âgé et que j'aurai davantage vécu, je renoncerai à tout et chercherai Dieu. Pour l'instant, j'ai encore tant de choses à découvrir et d'expériences à vivre », dit un étudiant.

Après son départ de l'ermitage, Paramahansaji fit cette remarque :

« Il croit toujours que le sexe est l'amour et que les "choses" sont des richesses. Il va devenir comme celui que l'épouse avait abandonné et dont la maison avait été incendiée. Au vu de ses pertes, il décida de "tout abandonner". Un tel "renoncement" n'impressionne pas beaucoup le Seigneur. L'étudiant qui vient d'abandonner sa formation ici ne sera pas prêt à "renoncer à tout" tant qu'il ne lui restera plus rien de matériel à abandonner ! »

• • •

« Il n'est pas vraiment pratique de penser à Dieu tout le temps », remarqua un visiteur. Le Maître répondit :

« Le monde pense comme vous, mais est-ce un endroit heureux ? La vraie joie échappe à l'homme qui délaisse Dieu, car Il est la Béatitude même. Sur terre, Ses fidèles vivent dans un paisible éden intérieur, mais ceux qui L'oublient passent leurs jours dans un enfer d'insécurité et de déceptions qu'ils ont eux-mêmes créé. Être ami avec le Seigneur est réellement pratique ! »

• • •

Paramahansaji demanda à un disciple d'effectuer certains travaux dans un ashram de la Self-Realization situé dans le désert. Le disciple s'y rendit à contrecœur, soucieux des tâches qu'il avait laissées derrière lui au centre de Mont Washington.

« Ton nouveau travail à l'ashram du désert devrait être ta seule préoccupation maintenant, lui dit le Maître. Ne t'attache à rien. Accepte les changements avec équanimité et accomplis toutes les tâches qui se présentent sur ton chemin dans un esprit de divine liberté.

« Si Dieu me disait aujourd'hui : *"Rentre à la maison !"* je laisserais toutes les obligations que j'ai ici – société, immeubles, projets, personnes – et je me hâterais de Lui obéir sans jeter un seul coup d'œil en arrière. Faire tourner le monde est Sa responsabilité. C'est Lui l'Auteur, pas toi ni moi [1]. »

• • •

« Guruji, demanda un disciple, si vous pouviez remonter le temps jusqu'au moment où votre Maître vous demanda de fonder cette organisation, seriez-vous heureux d'y consentir, maintenant que vous savez le poids que représente la responsabilité de nombreuses personnes ? » Le Maître répondit :

« Oui, un tel travail enseigne l'abnégation ! »

• • •

La sempiternelle question « pourquoi Dieu permet-Il la souffrance ? » était souvent posée à Paramahansaji. Patiemment, il expliquait :

« La souffrance provient d'une utilisation abusive du libre arbitre. Dieu nous a donné le pouvoir de L'accepter ou de Le refuser. Il ne veut pas que les

---

[1] Voir *ego* dans le glossaire.

malheurs nous frappent, mais Il n'interviendra pas si nous choisissons les actions qui conduisent à la souffrance.

« Les hommes ne suivent pas la sagesse des saints, mais ils comptent sur des circonstances inhabituelles ou des miracles pour les sauver quand ils ont des ennuis. Le Seigneur peut tout faire, mais Il sait que l'amour et la bonne conduite de l'homme ne peuvent s'acheter avec des miracles.

« Dieu nous a envoyés ici comme Ses enfants et c'est dans ce rôle divin que nous devons retourner à Lui. Le seul moyen de nous unir à nouveau à Lui est d'exercer notre volonté. Aucune autre puissance, qu'elle soit terrestre ou céleste, ne peut le faire à notre place. Mais, lorsque nous lançons un véritable appel de l'âme, Dieu nous envoie un guru pour nous conduire du désert de la souffrance à Sa demeure de joie éternelle.

« Le Seigneur nous a donné le libre arbitre, c'est pourquoi Il ne peut agir en dictateur. Bien qu'Il soit Tout-Puissant, Il ne nous permet pas de nous libérer de nos souffrances si nous avons choisi la voie des mauvaises actions. Est-il juste d'espérer qu'Il allège notre fardeau si nos pensées et nos actions s'opposent à Ses lois ? Le secret du bonheur réside dans l'observance de Son code d'éthique tel qu'Il l'a donné dans les Dix Commandements. »

• • •

Paramahansaji mettait souvent ses disciples en garde contre le danger de la paresse spirituelle. « Les minutes sont plus importantes que les années, disait-il. Si vous ne remplissez pas les minutes de votre vie de pensées divines, les années vous échapperont et quand vous aurez le plus grand besoin de Lui, vous pourriez ne pas être capables de sentir Sa présence. Mais si vous remplissez chaque minute de votre vie d'aspirations divines, les années en seront automatiquement saturées. »

• • •

Dans l'Inde ancienne, le terme *guru* ne s'appliquait qu'à des maîtres semblables au Christ, des maîtres pouvant transmettre la réalisation divine aux disciples. En suivant les commandements des Écritures, les disciples s'ouvraient spirituellement en obéissant inconditionnellement aux instructions du saint précepteur. Les Occidentaux refusaient parfois de soumettre délibérément leur liberté à la volonté de quelqu'un d'autre, mais le Maître disait :

« Lorsque quelqu'un a trouvé son guru, il devrait lui être dévoué de façon inconditionnelle, parce que celui-ci est le véhicule de Dieu. Le seul objectif du guru est d'amener le disciple à la réalisation du Soi ; le guru offre à Dieu l'amour qu'il reçoit du disciple. Un précepteur spirituel peut former plus rapidement un étudiant en harmonie avec lui qu'un autre qui lui résiste.

Je ne suis pas votre chef, je suis votre serviteur. Je suis comme la poussière sous vos pieds. Je vois en vous la représentation de Dieu et je m'incline devant vous tous. Je ne veux qu'exprimer l'immense joie que je ressens en Lui. Je n'ai aucune ambition personnelle hormis celle, plus grande, de partager ma joie spirituelle avec tous les peuples de la terre. »

• • •

Ainsi parlait Paramahansa Yogananda

Lors d'une présentation faite aux résidents de l'ashram, Sri Yogananda dit : « Dans la vie spirituelle, on redevient comme un petit enfant : sans rancœur, sans attachement, débordant de vie et de joie. Ne laissez rien vous blesser ou vous perturber. Soyez intérieurement sereins, réceptifs à la Voix divine. Consacrez vos moments de loisirs à la méditation.

« Je n'ai jamais connu de plaisir terrestre aussi grand que la joie spirituelle du *Kriya Yoga*. Je ne l'échangerai jamais pour tous les conforts de l'Occident ni pour tout l'or du monde. Grâce au *Kriya Yoga*, je peux transporter mon bonheur continuellement avec moi. »

• • •

Le Maître peignait de nombreuses images verbales inoubliables afin d'illustrer un concept spirituel. Il fit une fois cette remarque : « La vie est ainsi. Vous avez préparé un pique-nique et soudain un ours surgit, renverse la table et vous force à vous enfuir. Les hommes mènent leur vie de cette façon : ils travaillent pour un peu de joie et de sécurité, puis l'animal de la maladie survient, leur cœur cesse de battre et les voilà partis.

« Pourquoi vivre dans un tel état d'incertitude ? Des futilités ont pris la première place dans votre vie. Vous laissez vos activités accaparer votre temps et vous asservir. Combien d'années se sont écoulées ainsi ? Pourquoi laisser filer ce qu'il vous reste à vivre sans progresser spirituellement ? Si vous prenez aujourd'hui la résolution de ne pas vous laisser décourager par les obstacles, vous obtiendrez le pouvoir de les vaincre. »

Ainsi parlait Paramahansa Yogananda

• • •

« Les paresseux ne trouvent jamais Dieu, déclara le Maître. Un esprit oisif devient l'atelier du diable. J'ai vu de nombreux *sannyasis* [moines] renoncer à travailler et ne devenir rien de plus que des mendiants. Mais ceux qui gagnent leur vie sans aucun désir pour le fruit de leur travail car ils ne désirent que le Seigneur, sont de vrais renonçants. Il est très difficile de mettre en pratique un tel renoncement, mais quand vous aimez Dieu au point que tout ce que vous faites, vous le faites pour Lui plaire, vous êtes libres.

« Si vous pensez : "Je travaille uniquement pour Dieu", votre amour s'élargit au point de n'avoir aucune autre pensée en tête, aucun autre dessein que de Le servir et de L'adorer. »

• • •

« Contemplez l'autel de Dieu dans les étoiles, enfoui sous terre et caché derrière les vibrations de vos sentiments, dit le Maître. Lui, la Réalité délaissée, Se cache partout. Si vous suivez fermement la voie et si vous méditez régulièrement, vous Le verrez, vêtu d'une robe dorée de lumière qui s'étend à travers l'éternité. Derrière chaque pensée, vous sentirez Sa présence pleine de béatitude.

Dieu n'est pas qu'un sujet de conversation. Beaucoup ont parlé de Lui ; beaucoup se sont posé des questions à Son sujet ; beaucoup ont lu à Son sujet. Mais rares sont ceux qui ont savouré Sa joie, excepté ceux qui Le connaissent. Et quand vous Le connaîtrez, vous ne vous tiendrez plus à l'écart pour L'adorer ; vous deviendrez un avec Lui. Alors, comme Jésus et tous les autres maîtres l'ont dit, vous aussi vous pourrez dire : "Mon Père et moi sommes un !" »

• • •

Le Maître dit : « En vous immergeant profondément dans votre œil spirituel [1], vous verrez la quatrième dimension [2] embrasée des merveilles du monde intérieur. Il est difficile d'y arriver, mais quelle merveille !

« Ne vous contentez pas du peu de paix que vous apporte votre méditation, mais encore et encore, désirez ardemment Sa béatitude. Jour et nuit, tandis que les autres dorment ou qu'ils consacrent leur énergie à réaliser leurs désirs, murmurez : "Seigneur, Seigneur, Seigneur !" En temps voulu, Il surgira de l'ombre et vous Le connaîtrez. Ce monde est bien laid comparé aux splendeurs du royaume de l'Esprit. Supprimez les obstacles de la divine perception par la détermination, la dévotion et la foi. »

• • •

« Pendant la période de Noël, de fortes vibrations de la Conscience Christique flottent dans l'air, disait le Maître. Ceux qui sont en harmonie divine, grâce à leur dévotion et à une méditation profonde et scientifique, recevront les vibrations divines. Spirituellement, il est d'une importance capitale pour chaque être humain, peu importe sa religion, de faire intérieurement l'expérience de cette "naissance" du Christ universel.

« Le cosmos est son corps. La Conscience

---

[1] Voir le glossaire.
[2] Voir *mondes astraux* dans le glossaire.

Ainsi parlait Paramahansa Yogananda

Christique y est omniprésente. Lorsque vous pourrez fermer les yeux et élargir votre conscience grâce à la méditation jusqu'à ressentir que l'univers entier est votre propre corps, le Christ sera né en vous. Tous les nuages de l'ignorance seront dispersés quand vous contemplerez, derrière l'obscurité de vos paupières closes, la lumière cosmique divine.

« Le Christ devrait être adoré en vérité : d'abord en esprit, par la méditation, et puis sous forme physique, en percevant sa présence, même dans le monde matériel. Vous devriez méditer sur la véritable signification de la venue du Christ et ressentir sa conscience attirée en vous par le magnétisme de votre dévotion. Voilà le véritable but de Noël ! »

• • •

L'équilibre est un mot-clé dans les enseignements de Paramahansaji. « Si vous méditez profondément, votre esprit se tournera toujours plus intensément vers Dieu, disait-il. Cependant, vous ne devez pas négliger vos devoirs terrestres. Au fur et à mesure que vous apprendrez à accomplir toutes vos tâches d'un esprit paisible, vous pourrez faire les choses plus rapidement, avec plus de concentration et d'efficacité. Vous vous apercevrez alors que quoi que vous fassiez, vos activités seront remplies de conscience divine. Vous ne pourrez atteindre cet état qu'après avoir pratiqué la méditation en profondeur et discipliné votre esprit à retourner vers Dieu aussitôt vos devoirs accomplis avec l'idée que vous ne servez que Lui. »

• • •

« Se repentir ne signifie pas simplement être désolé d'avoir mal agi, mais également s'abstenir de répéter une telle action, dit le Maître. Quand vous vous repentez vraiment, vous prenez la résolution de renoncer au mal. Le cœur est souvent très dur et ne s'émeut pas facilement. Adoucissez-le par la prière. Et alors la bénédiction divine viendra. »

• • •

« Laissez-vous guider par la sagesse, dit le Maître. Les mauvaises actions passées ont laissé des graines dans votre esprit. Si vous les grillez au feu de la sagesse, elles seront "torréfiées" ou stériles. Vous ne pourrez vous affranchir avant d'avoir brûlé les semences de vos actions passées dans les feux de la sagesse et de la méditation. Si vous voulez détruire les effets négatifs de vos actions passées, méditez. Vous pouvez défaire ce que vous avez fait. Si vous ne faites aucun progrès spirituel malgré vos tentatives, persistez. Quand vos efforts présents deviendront plus puissants que le karma des actions passées, vous serez libres. »

• • •

Lors d'une conférence, Paramahansaji affirma : « Le Christ a dit à chacun de nous d'"aimer son prochain comme soi-même". Or, sans la connaissance de l'âme qui vous permet de réaliser que tous les hommes sont ce "soi-même", vous ne pouvez pas suivre le commandement du Christ. Je ne vois aucune différence entre les êtres humains, parce que je vois un enfant de Dieu en chacun d'eux. Il m'est impossible de considérer quiconque comme un étranger.

Ainsi parlait Paramahansa Yogananda

« Un jour, à New York, trois bandits m'ont encerclé. Je leur ai dit : "Vous voulez de l'argent ? Tenez !" et je leur ai tendu mon portefeuille. J'étais dans un état de superconscience et les hommes ne s'en sont pas emparé. L'un d'eux finit par dire : "Excusez-nous. Nous ne pouvons pas faire ça !" et ils prirent la fuite. Une autre nuit à New York, près de Carnegie Hall où je venais de donner une conférence, un homme armé d'un pistolet s'approcha de moi. Il me dit :

« Savez-vous que je peux vous abattre ?

– Pourquoi ? demandai-je calmement. Mon esprit était fixé sur Dieu.

– Vous parlez de démocratie. C'était à l'évidence une personne mentalement perturbée. Nous restâmes quelques instants en silence, puis il poursuivit :

– Pardonnez-moi. Vous m'avez libéré du mal ! et il s'enfuit en courant comme un lièvre. Ceux qui sont en harmonie avec Dieu peuvent changer le cœur des hommes. »

• • •

« Affirmer que le monde est un rêve sans essayer de réaliser véritablement cette vérité par la méditation peut conduire au fanatisme, dit le Maître. L'homme avisé comprend que même si la vie mortelle est un rêve, elle contient des souffrances oniriques. Il adopte des méthodes scientifiques pour s'éveiller de ce rêve. »

• • •

Pendant les travaux de restauration de la chapelle du centre de la Self-Realization Fellowship, un disciple suggéra qu'une niche abrite une lampe de sanctuaire, une « lumière perpétuelle » qui serait allumée par Paramahansaji.

Le Maître dit : « Je voudrais sentir que la lampe de la dévotion à Dieu que j'ai allumée dans vos cœurs est éternelle. Aucune autre lumière n'est nécessaire. »

• • •

Au cours de l'année 1951, Paramahansaji laissa souvent entendre que les jours qu'il lui restait à vivre sur terre étaient comptés.

« Monsieur, demanda un disciple bouleversé, lorsque nous ne pourrons plus vous voir, serez-vous aussi proche de nous que vous l'êtes maintenant ? »

Le Maître sourit avec amour, puis il dit :

« Pour ceux qui pensent que je suis proche, je le serai. »

PARAMAHANSA YOGANANDA :
UN YOGI DANS LA VIE ET DANS LA MORT

Paramahansa Yogananda est entré en *mahasamadhi* (état où le yogi quitte consciemment et définitivement son corps physique) à Los Angeles, Californie, le 7 mars 1952, après avoir prononcé une allocution lors d'un banquet donné en l'honneur de M. Binay R. Sen, ambassadeur de l'Inde.

Le grand maître, mondialement connu, a démontré la valeur du yoga (ensemble de techniques scientifiques utilisées pour atteindre la réalisation de Dieu) non seulement dans la vie, mais aussi dans la mort. Plusieurs semaines après son décès, son visage immuable resplendissait de la lumière divine de l'incorruptibilité.

M. Harry T. Rowe, directeur de Forest Lawn Memorial Park, cimetière de Los Angeles où le corps du grand yogi repose provisoirement, envoya à la Self-Realization Fellowship une lettre notariée dont voici quelques extraits :

« L'absence de tout signe visible de décomposition du corps de Paramahansa Yogananda offre le cas le plus extraordinaire qu'il nous ait été donné d'observer... Vingt jours après son décès, son corps ne présentait aucune détérioration physique... Aucune trace d'altération n'était visible sur sa peau, aucune dessiccation (déshydratation) apparente ne s'était produite dans les tissus de son corps. Cet état de parfaite conservation d'un corps est, pour autant que nous le sachions, unique dans les annales mortuaires... Lorsque le corps de Yogananda est arrivé au dépôt mortuaire de Forest Lawn, notre personnel s'attendait à voir, par la vitre du cercueil, les signes habituels de décomposition. Notre étonnement grandissait au fur et à mesure que les jours passaient sans que nous puissions observer aucun changement visible de son corps. En fait, le corps de Yogananda présentait clairement un phénomène d'incorruptibilité...

« Aucune odeur de décomposition n'a jamais émané de son corps... L'apparence physique de Yogananda à la date du 27 mars, juste avant que le couvercle de bronze du cercueil ne soit mis en place, était la même que celle qu'il avait le 7 mars au soir de son décès. Le corps paraissait aussi intact qu'il l'était alors. Le 27 mars, on pouvait affirmer qu'il n'avait jamais subi le moindre signe de décomposition. Pour cette raison, nous répétons que le cas de Paramahansa Yogananda est tout à fait unique dans nos annales. »

BUTS ET IDÉAUX
DE LA
SELF-REALIZATION FELLOWSHIP

Paramahansa Yogananda, fondateur
Sri Mrinalini Mata, présidente

Les buts et les idéaux de la Self-Realization Fellowship ont été énoncés par Paramahansa Yogananda comme suit :

Répandre dans tous les pays la connaissance de techniques scientifiques permettant de faire l'expérience personnelle et directe de Dieu.

Enseigner que le but de la vie est de faire évoluer, par l'effort personnel, la conscience mortelle et limitée de l'homme jusqu'à lui faire atteindre la Conscience de Dieu ; et, à cette fin, établir dans le monde entier des temples de la Self-Realization Fellowship pour communier avec Dieu et aussi encourager l'établissement de temples de Dieu individuels dans le foyer et dans le cœur de chaque homme.

Révéler l'harmonie complète et l'unité essentielle existant entre le Christianisme originel, tel que Jésus-Christ l'a enseigné, et le Yoga originel, tel que Bhagavan Krishna l'a enseigné ; et montrer que les principes de vérité qu'ils contiennent constituent la base scientifique commune à toutes les vraies religions.

Indiquer la seule « Grande Voie » divine où finissent par aboutir tous les sentiers des croyances religieuses : la Voie de la méditation quotidienne, scientifique et fervente sur Dieu.

Affranchir l'homme de ses triples souffrances : maladies physiques, travers psychologiques et ignorance spirituelle.

Encourager « une vie simple aux pensées élevées » ; et répandre chez tous les peuples un esprit de fraternité, en leur enseignant la base éternelle de leur unité : leur parenté avec Dieu.

Démontrer la supériorité de l'esprit sur le corps et celle de l'âme sur l'esprit.

Triompher du mal par le bien, de la peine par la joie, de la cruauté par la bonté et de l'ignorance par la sagesse.

Unir science et religion en réalisant l'unité de leurs principes fondamentaux.

Favoriser la compréhension spirituelle et culturelle entre l'Orient et l'Occident ainsi que l'échange de leurs qualités respectives les plus nobles.

Servir l'humanité comme son propre Soi universel.

PUBLICATIONS DE LA SELF-REALIZATION FELLOWSHIP
DES ENSEIGNEMENTS DE
PARAMAHANSA YOGANANDA

Disponibles en librairie ou directement auprès de l'éditeur :

Self-Realization Fellowship
3880 San Rafael Avenue • Los Angeles, CA 90065-3219
Tél. (323) 225-2471 • Fax (323) 225-5088
www.yogananda-srf.org

TRADUITS EN FRANÇAIS

Autobiographie d'un Yogi

La Loi du Succès

Comment peut-on converser avec Dieu ?

La Science sacrée

À la Source de la Lumière

Relation entre Gourou et Disciple

LIVRES EN ANGLAIS

The Second Coming of Christ: *The Resurrection of the Christ Within You*
Un commentaire des Évangiles révélant l'authentique enseignement de Jésus.

God Talks with Arjuna; The Bhagavad Gita
Une nouvelle traduction de la Bhagavad Gita et un nouveau commentaire.

Man's Eternal Quest
Volume I des conférences et entretiens informels de Paramahansa Yogananda.

The Divine Romance
Volume II des conférences, entretiens informels et essais de Paramahansa Yogananda.

Journey to Self-Realization
Volume III des conférences et entretiens informels de Paramahansa Yogananda.

Wine of the Mystic: *The Rubaiyat of Omar Khayyam — A Spiritual Interpretation*
Un commentaire inspiré qui nous fait découvrir la science mystique de la communion avec Dieu dissimulée derrière les images énigmatiques des *Rubaiyat*.

Whispers from Eternity
Un recueil de prières de Paramahansa Yogananda et de ses expériences divines faites dans des états élevés de méditation.

The Science of Religion

The Yoga of the Bhagavad Gita: An Introduction to India's Universal Science of God-Realization

The Yoga of Jesus: Understanding the Hidden Teachings of the Gospels

In the Sanctuary of the Soul: A Guide to Effective Prayer

Inner Peace: How to Be Calmly Active and Actively Calm

To Be Victorious in Life

Why God Permits Evil and How to Rise Above It

Living Fearlessly: Bringing Out Your Inner Soul Strength

How You Can Talk With God

Metaphysical Meditations
Plus de 300 méditations, prières et affirmations spirituellement édifiantes.

Scientific Healing Affirmations
Paramahansa Yogananda donne ici une explication profonde de la science de l'affirmation.

Songs of the Soul
Poésie mystique de Paramahansa Yogananda.

The Law of Success
Explique les principes dynamiques permettant d'atteindre ses objectifs dans la vie.

Cosmic Chants
Paroles et musique de 60 chants de dévotion, avec une introduction expliquant comment le chant spirituel peut conduire à la communion divine.

ENREGISTREMENTS AUDIO DE PARAMAHANSA YOGANANDA

Beholding the One in All
The Great Light of God
Songs of My Heart
To Make Heaven on Earth
Removing All Sorrow and Suffering
Follow the Path of Christ, Krishna, and the Masters
Awake in the Cosmic Dream
Be a Smile Millionaire
One Life Versus Reincarnation
In the Glory of the Spirit
Self-Realization: The Inner and the Outer Path

AUTRES PUBLICATIONS DE LA SELF-REALIZATION FELLOWSHIP

Un catalogue complet des livres et des enregistrements audio et vidéo de la Self-Realization Fellowship est disponible sur demande.

The Holy Science par Swami Sri Yukteswar

Only Love: Living the Spiritual Life in a Changing World par Sri Daya Mata

Finding the Joy Within You: Personal Counsel for God-Centered Living par Sri Daya Mata

God Alone: The Life and Letters of a Saint par Sri Gyanamata

"Mejda": The Family and the Early Life of Paramahansa Yogananda par Sananda Lal Ghosh

Self-Realization *(un magazine trimestriel créé par Paramahansa Yogananda en 1925)*

LES LEÇONS DE LA SELF-REALIZATION FELLOWSHIP

Les techniques scientifiques de méditation enseignées par Paramahansa Yogananda, y compris le Kriya Yoga, ainsi que ses conseils pour atteindre une vie spirituelle équilibrée sont exposés dans les *Leçons de la Self-Realization Fellowship*. Pour de plus amples renseignements, veuillez nous écrire afin de recevoir la brochure gratuite d'introduction en français : *Qu'est-ce que la Self-Realization Fellowship ?* ou notre brochure gratuite *Undreamed-of Possibilities* disponible en anglais, en espagnol et en allemand.

GLOSSAIRE

Aum (Om) : La racine de tous les sons ; mot symbolique universel pour Dieu. L'*Aum* des Védas (*cf. définition*) devint l'*Hum*, mot sacré des Tibétains, l'*Amin* des Musulmans, l'*Amen* des Égyptiens, des Grecs, des Romains, des Juifs et des Chrétiens. En hébreu, *Amen* signifie *sûr, fidèle*. *Aum* est le son qui pénètre toutes choses émanant du Saint-Esprit (la Vibration cosmique invisible ; Dieu sous l'aspect du Créateur) ; la « Parole » de la Bible ; la voix de la création témoignant la Présence Divine dans chaque atome. L'*Aum* peut être entendu grâce aux méthodes de méditation enseignées par la Self-Realization Fellowship.

« Voici ce que dit l'Amen, le Témoin fidèle et véritable, le commencement de la création de Dieu. » (Apocalypse 3 : 14.) « Au commencement était la Parole, et la Parole était avec Dieu, et la Parole était Dieu... Toutes choses ont été faites par elle [la Parole ou *Aum*], et rien de ce qui a été fait n'a été fait sans elle. » (Jean 1 : 1-3.)

Babaji : Guru de Lahiri Mahasaya (le guru de Swami Sri Yukteswar, lui-même guru de Paramahansa Yogananda). Babaji est un avatar immortel qui vit en secret dans l'Himalaya. Il a le titre de *Mahavatar* ou « Incarnation Divine ». Des aperçus de sa vie comparable à celle du Christ sont donnés dans *Autobiographie d'un Yogi* de Paramahansa Yogananda.

Bhagavad Gita : « Chant du Seigneur ». La Bible hindoue : paroles sacrées de Lord Krishna, compilée il y a des millénaires par le sage Vyasa (voir *Krishna*).

Centre de Mont Washington : Siège international de la Self-Realization Fellowship (Yogoda Satsanga Society of India), l'organisation fondée à Los Angeles en 1925 par Paramahansa Yogananda. Situé au sommet d'une colline qui surplombe le centre-ville, il occupe une surface de plus de sept hectares. Dans le bâtiment administratif central (voir photo page 94), les appartements de Gurudeva Paramahansa Yogananda sont conservés comme un sanctuaire. C'est de là que la Self-Realization Fellowship envoie à ses membres les enseignements de Paramahansaji sous forme de leçons imprimées et publie les écrits et les

Ainsi parlait Paramahansa Yogananda

discours du Maître dans de nombreux livres ainsi que dans le magazine trimestriel intitulé *Self-Realization*.

conscience christique : Conscience de l'Esprit, immanente dans chaque atome de la création vibratoire.

conscience cosmique : Conscience de l'Esprit transcendant la création finie.

ego : Le principe de l'ego, du sanskrit *ahamkara* (littéralement : « je fais »), est la cause première de la dualité ou séparation apparente entre l'homme et son Créateur. *Ahamkara* met les êtres humains sous le joug de *maya* (*cf. définition*), par lequel le sujet (l'ego) apparaît à tort en tant qu'objet ; les créatures s'imaginent être les créateurs.

En supprimant la conscience de l'ego, l'homme s'éveille à son identité divine, son unité avec Dieu, l'unique Vie.

guru : Maître spirituel qui présente le disciple à Dieu. Le terme « guru » diffère de celui d'« enseignant », car une personne peut avoir de nombreux enseignants mais n'aura qu'un seul guru.

illusion : Voir *maya*.

intuition : Le « sixième sens » ; la compréhension de la connaissance qui provient immédiatement et spontanément de l'âme et non pas de l'action faillible des sens ou de la raison.

ji : Suffixe dénotant le respect, souvent ajouté aux noms propres en Inde. C'est pourquoi dans ce livre, Paramahansa Yogananda est parfois appelé Paramahansaji ou Yoganandaji.

Kali : Déesse mythologique hindoue, représentée sous la forme d'une femme à quatre mains. La première symbolise les pouvoirs créateurs de la Nature ; la deuxième représente les fonctions préservatrices cosmiques ; la troisième est un emblème des forces purificatrices de dissolution. La quatrième main de Kali est tendue dans un geste de bénédiction et de salut. C'est par ces moyens qu'Elle appelle toute la création à revenir à sa Source divine. La Déesse Kali est un symbole ou un aspect de la Mère Divine (*cf. définition*).

karma : La loi d'équilibre du karma, telle qu'elle est exposée dans les Écritures hindoues, est la loi de l'action et de la réaction, de la cause et de l'effet, de la récolte de ce qui a été semé. Du fait de cette justice naturelle, les êtres humains deviennent, par leurs pensées et leurs actions, les artisans de leur propre destinée. Quelles que soient les énergies qu'une personne met en jeu, avec ou sans discernement, celles-ci retourneront à cette personne, c'est-à-dire à leur point de départ, tel un cercle se refermant inexorablement sur lui-même. « Le monde ressemble à une équation mathématique qui, quelle que soit la façon dont on l'examine, présente un parfait équilibre. Tout secret est révélé ; tout crime est puni ; toute vertu récompensée ; tout tort est redressé, dans le silence et la certitude. » (Emerson, dans *Compensation*.) Comprendre le karma comme la loi de la justice permet à l'homme de libérer son esprit du ressentiment envers Dieu et son prochain (voir *réincarnation*).

Krishna : Avatar ayant vécu en Inde trois millénaires avant l'ère chrétienne, dont les conseils divins qui se trouvent dans la Bhagavad Gita (*cf. définition*) sont vénérés par d'innombrables chercheurs de Dieu. Dans son enfance, il gardait les vaches et enchantait ses compagnons de la musique de sa flûte. Le Seigneur Krishna représente allégoriquement l'âme jouant de la flûte de la méditation pour guider toutes les pensées égarées vers le bercail de l'omniscience.

Kriya Yoga : Ancienne science développée en Inde pour les chercheurs de Dieu, célébrée par Krishna dans la Bhagavad Gita et par Patanjali dans les *Yoga Sutras*. Cette science libératrice, qui conduit ceux qui la pratiquent à la réalisation de la conscience cosmique, est enseignée aux membres de la SRF.

Lahiri Mahasaya (1828-1895) : Guru de Sri Yukteswar *(cf. définition)* et disciple de Babaji *(cf. définition)*. Lahiri Mahasaya fit renaître l'ancienne science du yoga, qui était alors pratiquement tombée dans l'oubli, donnant le nom de *Kriya Yoga* aux techniques pratiquées. C'était un maître de stature christique possédant des pouvoirs miraculeux ; mais c'était aussi un chef de famille ayant des responsabilités professionnelles. Sa mission était de démontrer que dans notre monde moderne, on peut avoir une vie idéalement équilibrée en associant la pratique de la méditation à l'accomplissement correct de ses devoirs matériels. Lahiri Mahasaya était un *Yogavatar* ou « incarnation du Yoga ».

Leçons de la SRF : Compilation des enseignements de Paramahansa Yogananda envoyée deux fois par mois aux membres et aux étudiants de la Self-Realization Fellowship.

maya : Illusion cosmique ; littéralement, « le mesureur ». *Maya* est le pouvoir magique de la création qui fait apparaître des limitations et des divisions au sein de l'Immensurable et de l'Indivisible.

Sri Yogananda écrivit dans *Autobiographie d'un Yogi* :

« On ne devrait pas imaginer que seuls les *rishis* (les sages hindous) connaissaient la vérité au sujet de *maya*. Les prophètes de l'Ancien Testament utilisaient le nom de Satan (littéralement l'"adversaire" en hébreu) pour parler de *maya*. Satan ou *Maya* est le Magicien cosmique qui multiplie les formes pour cacher la Vérité Unique qui n'a pas de forme. Son seul objectif est de détourner l'homme de l'Esprit à la matière. Le Christ décrivit *maya* de façon pittoresque comme étant le diable, un meurtrier et un menteur. "Le diable... a été meurtrier dès le commencement, et il ne se tient pas dans la vérité, parce qu'il n'y a pas de vérité en lui. Lorsqu'il profère le mensonge, il parle de son propre fonds ; car il est menteur et le père du mensonge." (Jean 8 : 44.) »

Mère Divine : « L'aspect de l'Infini incréé qui est actif dans la création est attribué à la Mère Divine dans les Écritures hindoues, écrivit Paramahansaji. C'est l'aspect personnalisé de l'Absolu qui "désire" que Ses enfants se comportent correctement et qui répond à leurs prières. Ceux qui imaginent que l'Impersonnel ne peut Se manifester sous une forme personnelle dénient Son omnipotence et la possibilité de pouvoir communier avec leur Créateur. Le Seigneur sous la forme de la Mère Cosmique apparaît tangiblement vivant aux véritables *bhaktas* (disciples d'un Dieu personnel).

« Le Seigneur Se manifeste devant Ses saints sous toute forme qui leur est chère : un chrétien fervent voit Jésus ; un hindou voit Krishna, la Déesse Kali ou une Lumière débordante si son adoration prend un aspect impersonnel ».

mondes astraux : Les merveilleux royaumes de lumière et de

Ainsi parlait Paramahansa Yogananda

joie où chaque personne possédant un certain degré de compréhension spirituelle va après sa mort pour continuer son développement. Les sphères causales ou mondes de la pensée pure se trouvent encore plus haut. Ces mondes sont décrits au chapitre 43 de *Autobiographie d'un Yogi*.

nirbikalpa samadhi : L'état le plus élevé ou état de *samadhi* irrévocablement uni à Dieu. L'état initial ou préliminaire (caractérisé par la transe, l'immobilité du corps) est appelé *sabikalpa samadhi*.

œil spirituel : L'œil « unique » de la sagesse, la porte de l'étoile pranique par laquelle l'homme doit pénétrer pour atteindre la conscience cosmique. La méthode qui permet d'entrer par cette porte sacrée est enseignée aux membres de la Self-Realization Fellowship.

« Je suis la porte. Si quelqu'un entre par moi, il sera sauvé ; il entrera et sortira, et il trouvera des pâturages. » (Jean 10 : 9.) « Ton œil est la lampe de ton corps. Lorsque ton œil est unique, tout ton corps est éclairé... Prends donc garde que la lumière qui est en toi ne soit ténèbres. » (Luc 11 : 34-35.)

Ordre de la Self-Realization : Ordre monastique de la Self-Realization fondé par Paramahansa Yogananda. Après une période de formation appropriée, les disciples éligibles peuvent devenir moines et religieuses de l'Ordre. Ils prononcent des vœux de simplicité (détachement de toute possession), de célibat, d'obéissance (volonté de suivre les règles de vie définies par Paramahansa Yogananda) et de loyauté (dévouement à servir la Self-Realization Fellowship, la société fondée par Paramahansa Yogananda). Les moines et les religieuses de l'Ordre de la Self-Realization qui prononcent leurs vœux ultimes appartiennent également à l'ancien Ordre de Shankara, tout comme Paramahansaji qui fut lui-même membre de la branche Giri de l'ancien ordre monastique hindou fondé par Swami Shankaracharya (voir *swami*).

Paramahansa : Titre religieux signifiant celui qui a la maîtrise de soi. C'est le guru qui accorde ce titre à son disciple. *Paramahansa* signifie littéralement « cygne suprême ». Dans les Écritures hindoues, le cygne symbolise le discernement spirituel.

Ainsi parlait Paramahansa Yogananda

réincarnation : Doctrine développée dans les Écritures hindoues selon laquelle les êtres humains renaissent à de nombreuses reprises sur cette terre. Le cycle des réincarnations cesse lorsque l'homme reconquiert consciemment son statut de fils de Dieu. « Celui qui vaincra, je ferai de lui une colonne dans le temple de mon Dieu, et il n'en sortira plus. » (Apocalypse 3 : 12.) La reconnaissance de la loi du karma et de son corollaire, la réincarnation, est implicite dans de nombreux passages bibliques.

L'Église chrétienne acceptait à l'origine le principe de la réincarnation qui fut exposée par les Gnostiques et par de nombreux pères de l'Église dont Clément d'Alexandrie, le célèbre Origène, et saint Jérôme au Ve siècle. Ce n'est qu'à partir du second Concile de Constantinople en 553 apr. J.-C. que cette doctrine fut déclarée hérétique. À cette époque, de nombreux chrétiens pensaient que la doctrine de la réincarnation laissait trop de liberté spatio-temporelle à l'homme et l'empêchait ainsi de tout faire pour trouver son salut immédiat. De nos jours, de nombreux penseurs occidentaux acceptent les théories du karma et de la réincarnation, voyant en elles les lois de la justice qui expliquent les inégalités apparentes de la vie (voir *karma*).

respiration : « La respiration relie l'homme à la création, écrivit Yoganandaji. L'afflux d'innombrables courants cosmiques qui pénètrent dans l'homme par la respiration provoque l'agitation de son esprit. Pour échapper aux vagues incessantes des mondes phénoménaux et entrer dans l'infinitude de l'Esprit, le yogi apprend à calmer sa respiration par la pratique d'une méditation scientifique. »

sadhu : Personne qui pratique une *sadhana* ou voie de discipline spirituelle ; ascète.

Saint-Esprit : Voir *Aum*.

samadhi : Superconscience. Le *samadhi* est atteint en suivant la voie octuple du yoga, dans laquelle le *samadhi* est la huitième étape ou le but final. La méditation scientifique – l'utilisation correcte des techniques de yoga développées par les sages de l'Inde ancienne – conduit le disciple au *samadhi* ou réalisation de Dieu. Tout comme la vague disparaît dans la mer, l'âme humaine se réalise en tant qu'Esprit omniprésent.

Ainsi parlait Paramahansa Yogananda

- **Sat-Tat-Aum** : Le Père, le Fils et le Saint-Esprit. Dieu transcendant ou *nirguna*, « sans attributs », la Conscience Cosmique dans le vide béatifique au-delà des mondes phénoménaux ; Dieu en tant que Conscience Christique, immanent dans la création ; et Dieu en tant qu'*Aum* (cf. définition), la Vibration Créatrice Divine.
- **Self-Realization Fellowship (SRF)** : Organisation religieuse non-sectaire et éducative à but non lucratif, fondée par Paramahansa Yogananda en 1920 aux États-Unis. Filiale de la Yogoda Satsanga Society (YSS) fondée en Inde en 1917 par Paramahansa Yogananda.
- **Sri Yukteswar (1855-1936)** : L'illustre guru de Paramahansa Yogananda. Ce dernier appelait son maître *Jnanavatar* ou « Incarnation de la Sagesse ».
- **swami** : Membre du plus ancien ordre monastique de l'Inde, réorganisé au VIIIe siècle par Swami Shankaracharya. Un swami prononce des vœux formels de célibat et de renoncement aux ambitions mondaines ; il se dévoue à la méditation et au service de l'humanité. Il existe une classification de dix différents titres attachés à l'Ordre des swamis, à savoir : *Giri, Puri, Bharati, Tirtha, Saraswati* et d'autres. Swami Sri Yukteswar (cf. définition) et Paramahansa Yogananda appartenaient à la branche *Giri* (montagne).
- **Védas** : Les quatre textes scripturaux des Hindous : le *Rig Véda*, le *Sama Véda*, le *Yajur Véda* et l'*Atharva Véda*. Ce sont principalement des chants et des récitations littéraires. Parmi les innombrables textes de l'Inde, les Védas (de la racine sanskrite « vid », connaître) sont les seuls écrits auxquels aucun auteur n'a été attribué. Le *Rig Véda* accorde aux hymnes une origine céleste et nous dit qu'ils sont venus des « temps anciens », revêtus d'un nouveau langage. Divinement révélés à travers les âges aux *rishis* « chercheurs », on dit que les Védas possèdent le *nityatva*, « la finalité intemporelle ».
- **yoga** : Littéralement « union » de l'homme avec son Auteur par la pratique de techniques scientifiques pour la réalisation du Soi. Les trois voies principales sont : le *Jnana Yoga* (le yoga de la sagesse), le *Bhakti Yoga* (le yoga de la dévotion) et le *Raja Yoga* (le yoga « royal » ou le yoga de la voie

scientifique qui comprend les techniques du *Kriya Yoga*). Le texte le plus ancien encore existant sur la science sacrée est celui des *Yoga Sutras* de Patanjali. Les dates concernant Patanjali sont inconnues, mais certains érudits le situent au IIe siècle av. J.-C.

Yogananda : Le nom monastique de Yogananda est une combinaison de deux mots : la félicité *(ananda)* obtenue grâce à l'union *(yoga)* divine.

yogi : Celui ou celle qui pratique le yoga. Cette personne ne doit pas nécessairement avoir renoncé formellement au monde ; elle s'intéresse uniquement à la pratique quotidienne et fidèle des techniques scientifiques qui amènent à la réalisation de Dieu.

INDEX

abnégation, 99
accomplissement, 31, 36, 87
« actions et titres » divins, 33
activité, 22, 71, 81, 86, 102, 105
affliction, 34
affranchissement, 103, 106
âge, 61
agitation, 15, 17, 64, 75, 95
aide de Dieu, 76
aimant, l'amour est un, 19, 105
alimentation appropriée, 52
allégorie, 61
ambition, 57, 101
âme, 5, 6, 9, 21, 25, 33, 56, 58, 63, 75, 81
âme, guidé par l', 58
âme perdue, pas d', 25
amélioration, 32, 41, 92
Amérique, VIII, 30, 70
ami(s), 10, 42, 47, 92, 95, 96, 98
amitié, 10, 21, 24, 32, 65, 89, 96
amour, IX, 3, 5, 18, 19, 32, 38, 39, 47, 64, 66, 67, 73, 81, 83, 85, 86, 88, 89, 95, 97, 98, 100, 101, 106
amour pour la famille, 47, 64
animaux, 51
« antiquités psychologiques », 82
argent, 42, 44, 59, 75, 107
« argent, gagner de l' », 27
Arjuna, 15n
arrogance, orgueil, 18, 50
atome(s), 29, 37, 47, 61, 96
attachement, 5, 8, 36, 46, 58, 95, 99
attitude correcte, 85
Aum, 18, 96, 114
Autobiographie d'un Yogi, 36n, 44, 45n, 51n, 70, 114, 117
autodiscipline, 8, 36, 42, 47, 52
aveugle guidant l'aveugle, 49

Babaji, 20, 114
bandit, incident, près de Carnegie Hall, 107
Béatitude, Dieu en tant que ; Félicité, 9, 14, 18, 44, 83, 98, 104

beauté, 42, 53, 74, 81
bénédiction, 17, 84, 106
Bhagavad Gita, 15, 20, 114, 116
Bible, 20 ; citations de la, VII, 19, 20, 37, 47, 49, 70, 71, 76, 80, 114, 117, 118
blasphème, 67
bonheur, 36, 69, 77, 84, 102
« brebis égarée », 56
buts et idéaux de la SRF, 110

cadeau suprême, le, 86
cause à effet, principe de, 46, 52, 63, 115
cérémonie, église, 17
chagrin, 36
chanter, 38, 55, 70, 86
charité, 90
châtiment karmique, 30, 106
chef, vrai, 67 ; votre, 101
chemin spirituel, 27, 43, 59, 100, 102
chorale, chanter dans une, 38
Christ, 16, 18, 21, 49, 70, 80, 104, 106
Christianisme, 20, 80
cinéma cosmique, 15, 20, 57
cœur dur, 106
« collines, s'en aller dans les », 41
commérages, malveillance des, 74, 91
compagnie, 32
compassion, 37, 64, 95
complaisance, 97
compréhension spirituelle, VII, 37
concentration, 90
confiance, 12, 66
conscience christique, VII, 11, 21, 37, 58, 104, 115, 120
conscience cosmique, 115
contrôle des émotions, 26
corps, 5, 6, 16, 33, 39, 51n, 71, 85, 104
création, 9, 21, 45, 56, 58, 65, 81
critiques, être sensible aux, 4, 47, 87

Ainsi parlait Paramahansa Yogananda

croyance en Dieu, 59, 76
culte des idoles, 40, 47

désir(s), 8, 44, 50, 52, 60, 59, 73, 75, 78, 86, 104
désir de Dieu, VII, VIII, 32, 60, 84, 93
désir, se soigner du, 69
détachement, 46
devoirs, 36, 42, 71, 103, 105 ; envers le corps, l'esprit et l'âme, 6
dévotion, 15, 19, 27, 38, 59, 88, 104, 108 ; **véritable dévotion**, description de la, 3
diamant, 74, 81
Dieu, la nature de, 9, 15, 19, 36, 56 ; le Père, 11, 20, 54, 65, 119 ; caché partout, 42, 47, 72, 83, 103
dieux, culte d'autres, 47
discernement, 60, 76
disciples, trois sortes de, 32
discipline, les méthodes du Maître, 4, 5, 17, 42, 44, 58, 74, 77, 78, 88, 95, 99
diseur de bonne aventure, 30
divertissements, 97
divinité, du Christ, 54 ; de l'homme, 33, 54, 56, 61, 104
Dix Commandements, les, 100
Donneur, le Seigneur en tant que, 12, 14, 65
douleur, tourments, 34, 36
doute, 27, 49, 58, 63, 87, 93
drame, spectacle, 9, 11, 55, 75
dualités, « paires d'opposés », 10, 14, 21, 44, 97

eau en vin, explication, 20
Écritures hindoues, 20, 51n, 114, 120
Écritures saintes, VIII, 20, 50, 51n, 56
effort spirituel, 19, 45, 66, 100, 101, 104, 106
égalité des âmes, 19
ego, 11, 15n, 33, 47, 55, 58, 64, 68, 75, 84, 93, 96, 99n, 115

égoïsme, 65, 80
égotisme, 40, 61, 64, 72, 80
élastique, l'esprit est comme un, 45
émotions, contrôle des, 26
emprunt, paiement de l', 33
Encinitas, ashram de la SRF, 13, 28, 39, 49, 77, 85
énergie vitale, 20, 46, 71, 96
enfant de Dieu, l'homme est comme un, 6, 12, 37, 100
enfant, l'homme spirituel est comme un, 19, 102
enfants, 19, 49, 52, 78
enseignant mondial, VII
environnement, 52, 58, 75
ermitage, vie à l', 16, 36, 39, 42, 58, 66, 74, 92, 95
erreurs, fautes, 30, 81, 93, 106
erreurs des vies passées, 66, 106
Esprit, 7, 9, 16, 41, 56, 61, 64, 68, 74, 104
esprit, mental, 6, 8, 15, 33, 37, 42, 47, 81, 86, 87, 90, 92, 103, 105
éternité, 27, 42
évolution, 43, 51n, 52, 58

faiblesses, surmonter les, 6, 12, 26, 69
familier, ne pas être, 24
femme, 21
fils de Dieu, 11, 13, 37, 54
fleurs, 7, 42, 45, 51
foi, 4, 13, 22, 34, 76, 91, 104
formes, apparition de Dieu sous différentes, 18, 63
fourmi sur un tas de sable, 27
François, Saint, 16
fraternité, 43
fruit, manger le fruit divin, 68

gentillesse, 10
grâce de Dieu, 22, 27, 31, 40, 53
graines des mauvaises actions passées, 106
gramophones, les hommes sont comme des, 50
gravitation, 61

123

Ainsi parlait Paramahansa Yogananda

guérison, 8
guru, 25, 53, 58, 100, 101, 115
Guru, Dieu est le, 60

habits monastiques, 84
habitudes, 5, 13, 17, 32, 38, 47, 58, 75, 76, 90
Himalaya, 27
histoire d'amour avec Dieu, 6
homme, 21, 50, 91
Hound of Heaven, citation, 17
humeur, 52, 58, 71, 97
humilité, 18

ignorance, 9, 30, 44, 63, 87, 105
illusion, 8, 10, 24, 29, 31, 64, 69, 91, 97. Voir *maya*
image divine de l'homme, 12, 16, 25
immortalité, 7
immuable, 21 ; vide au-delà de la création, 11
inaction, 15
incertitude de la vie, 102
Inde, 39, 52
indifférence, 70
individualité, 6, 9, 84
inspiration, 49, 68
intellectualité, 5, 19, 50, 59, 63
introspection, 98
intuition, 63, 66, 115

Jésus, le Christ, VII, 17, 18, 19, 20, 49, 54, 67, 80, 103, 106
ji, 115
joie, 6, 18, 36, 49, 72, 83, 86, 98, 100, 101, 103
jouets, 19, 84
journal mental, 97

Kali, comme aspect de la Mère Divine, 115, 117
karma, 15n, 29, 30, 45, 66, 85, 106, 115
Krishna, le Seigneur, 16n, 18, 116
Kriya Yoga, 16, 58, 83, 102, 116

Lahiri Mahasaya, 16, 116
lait, mélangé à l'eau, 8

Leçons de la SRF, 68, 117
Lewis, Dr M. W., 60
liberté, 8, 15n, 24, 53, 58, 72, 75, 78, 99, 106
libre arbitre, 75, 99
lila, jeu ou divertissement de Dieu, 10
lire des livres, 50, 56
loi cosmique, 15n
lois de Dieu, lois divines, 8, 22, 63, 67, 100
lotus, 51n
louanges, flatteries, 41, 67, 92
lumière, 14, 18, 20, 40, 53, 55, 57, 71, 74, 86, 103, 104, 110
« lumière perpétuelle », 108

main invisible de Dieu, 4
maître, ancien, matérialisé, 28
maîtres, VII, 15n, 17, 19, 22, 51n, 55
mal, 6, 26, 56, 61, 64, 82, 106, 107
maladie, 8, 26, 46, 64
mariage, 21, 52
matériel(le)s, objets, choses, 12, 50, 86
maya, 8n, 10, 14, 24, 29, 31, 44, 69, 91, 97, 117
méditation, VII, 6, 9, 15, 18, 22, 29, 37, 38, 41, 49, 50, 52, 55, 59, 64, 65, 68, 71, 73, 75, 76, 81, 82, 83, 87, 97, 102, 104, 105, 106, 107
méditation de Noël, 73, 104
mendiant, comme aspect du Seigneur, 65
Mère Divine, 18, 31, 33, 63n, 73, 89, 91, 117
message, à-propos, 70
méthode scientifique, 58, 109
méthodes, techniques scientifiques, 15
minéraux, 51
minutes, 100
miracles, 20, 39, 93, 100
mission, 20
moelle épinière, 51n
mondain(es), d'ici-bas, terrestre(s),

matériel(s), matérialiste(s), 8, 14, 21, 36, 41, 52, 56, 57, 72, 77, 81, 82, 86
monde intérieur, 104
monde, 13, 43, 56, 57, 60, 98, 99, 104
mondes astraux, 7, 34, 73, 85, 117
Mont Washington, Centre de, 30, 33, 73, 75, 92, 97, 99, 114
mort, 5, 34, 85, 96
Mot, le (*Aum*), 18, 114
« multitude d'âmes », 89

nation, originalité de chaque, 43
Nature, 7, 39, 47
négativité, 11, 37, 53, 89
négligence, 22

obéissance, à la volonté divine, 93 ; au guru, 101
océan, 37, 61, 68, 88
œil spirituel (centre de la Conscience Christique), 58n, 104, 118
oisiveté, 71, 100, 104
omniprésence de l'Esprit, 29, 33, 41, 64
omniscience, atteindre l', 37, 40
organisation, SRF, 33, 70, 100
ours, 102

païen, VIII, 80
paix, 7, 43, 68, 77, 98, 104
paradis, 37 ; « portatif », 88
paradis, plan astral du, 73
Paramahansa, 118
pardon, 77
Parent Éternel, Dieu, 5
paresse spirituelle, 67 ; physique, 103
particularités des gens, 25
péché, 96 ; définition du, 20
pécheur, 6, 12, 25, 81
pensée(s), 8, 13, 15, 26, 40, 53, 72, 86, 87, 92, 101, 103, 105
perles spirituelles, plonger pour trouver des, 88
pique-nique, à Encinitas, 77 ; la vie est comme un, 102
plaintes, 77
plan de Dieu, 50, 55
porte, épine dorsale, 52 ; du cœur, 70
possessions, 4, 36, 47, 96
pourvoir aux besoins, 12, 33
pouvoirs miraculeux, 30, 39, 93
pratique, comment être, 22, 98
prédication, 49, 68
préjugés raciaux, 14
présence de Dieu, 16, 87, 101, 103
prière, 4, 12, 26, 33, 34, 52, 59, 86, 90, 91, 106
progrès spirituel(s), 5, 9, 25, 41, 47, 59, 72, 82, 86, 89, 90, 93, 102
promesses de Yoganandaji, 53, 100, 108
proximité, de Dieu, 3, 19, 32, 47, 49, 72, 103 ; du Guru, 108
psychologues, 26
publicité, 31
putois, 78

quatrième dimension, 104

race, qualité de chaque, 43
raison, 21, 22, 60, 63, 65
rationalisations, fausses, 60
réalisation divine, 11, 40, 103, 104
réalisation du Soi, 52, 87, 101 ; définition de la, 33
réalité, fausse, de la création, 10
réceptivité, 37, 70, 101
réincarnation, 51n, 54, 82, 85, 119
relativité, monde de la, 24, 53, 57
renoncement, 21, 41, 66, 98, 103
repentir, 106
« résister à *maya* », 69
respiration, 64n, 119
responsabilité, 32, 49, 99
retraite de la SRF dans le désert, 19, 51, 98
rêve de Dieu, la vie est un, 31, 80, 107

Ainsi parlait Paramahansa Yogananda

rôle humain d'un maître, 24
rose, 32, 42, 78
routines, de pensées et d'actions, 82
rumeurs, répandre des, 74

sadhu, ascète, 29, 119
sagesse, 18, 24, 40, 66, 90, 96, 100, 106, 107
Saint Jean, citations, VII, 20, 37, 117
saint(s), 6, 14, 16, 18, 25, 28, 29, 30, 39, 43, 45, 53, 55, 59, 64, 81, 91, 100
Saint-Esprit, 12, 18, 102 ; voir *Aum*
samadhi, 28, 118, 119
sannyasi, 103
Sat-Tat-Aum, 12, 21, 120
schéma, cours, de la vie, 16, 66
science, 29
« sécheresse », état de, 38, 59
sécurité divine, 32
Self-Realization Fellowship (SRF), VII, 31, 46, 70, 98, 107, 120
sens, 15, 52, 58, 60, 63, 97
sentiments, 21
sermon(s), 68, 88, 96
service au guru, 10, 34
servir les autres, 34, 67
« serviteur, je suis ton », 101
sexe, 21, 75, 98
silence, 51, 72 ; béatitude divine dans le, 10
sincérité, 24, 28, 92
souffrance, physique ou mentale, 8, 16, 39, 51, 52, 53, 55, 71, 80, 97, 99
soumission aux désirs mondains, 86
spectacle, drame, 9, 11, 55, 75
SRF, ashram d'Encinitas, 77
SRF, église de toutes les religions, 20
SRF, Ordre, 28, 38, 84, 118
SRF, voir *Self-Realization Fellowship*
Sri Yukteswar, VIII, 4, 36, 39, 45, 91, 120

suffisance spirituelle, 28
swami, 120

tasse, 37
téléviseur, 97
temps, 13, 27, 57, 65, 91, 100, 102, 104
terre, 45, 52n, 82 ; visite de l'homme sur la, 5
terrestre, orbite, 61
test(s), épreuves, 12, 16, 26, 69, 80, 106
Thompson, Francis, citation, 17n
trahison, 96
travail, 3, 57, 66, 70, 71, 80, 81, 99, 102
Trinité, la, 11

unité avec Dieu, 32, 33, 103

Védas, Écritures hindoues, 20n, 120
vérité, 5, 14, 59, 61, 68, 82, 88
vibration, 20, 28, 104
vie, 14, 43, 54, 56, 67, 80, 102
vie, combat, 43
vie équilibrée, 21, 81, 105
vie méthodique, 40
vigilance, 29
visions, images, 9, 83, 104
voie vers l'Infini, *Kriya Yoga*, 58 ; œil spirituel, 58n, 104
voiture deverrouillée, 22
vol à main armée à New York, 107
volonté de Dieu, 12, 34, 54, 80, 93
volonté, pouvoir, force de la, 32, 78, 100

yoga, VIII, 51n, 120
yogi, 15, 29, 45, 86, 121

zoo, 26

TABLE DES MATIÈRES

Préface VII
Ainsi parlait Paramahansa Yogananda............................... 3
Paramahansa Yogananda : un yogi dans la vie et
    dans la mort... 109
Buts et idéaux de la Self-Realization Fellowship......... 110
Glossaire... 114
Index 122

ILLUSTRATIONS

Paramahansa Yogananda :

page

Lors de la Convocation de la Self-Realization,
    Beverly Hills, Californie, 1949..................................... 23

En méditation, Dihika, Inde, 1935.................................... 35

Devant le temple de la Self-Realization de
    San Diego, Californie, 1949 48

Avec le Lieutenant Gouverneur Goodwin J. Knight,
    lors de l'inauguration du Hall indien de la SRF à
    Hollywood, Californie, 1951 62

Avec Uday et Amala Shankar, à l'ashram de la
    Self-Realization d'Encinitas, Californie, 1950........... 62

S'adressant au public à Lake Shrine, Pacific Palisades,
    Californie, 1950... 79

Autres :

Siège international de la Self-Realization
    Fellowship, Los Angeles, Californie........................... 94

www.ingramcontent.com/pod-product-compliance
Lightning Source LLC
Chambersburg PA
CBHW020006050426
42450CB00005B/340